KB210284

투르게네프가 고찰한 불멸의 두 사람

나는 햄릿일까 돈키호테일까

나는 햄릿일까
돈키호테일까

이반 투르게네프 지음 임경민 옮김

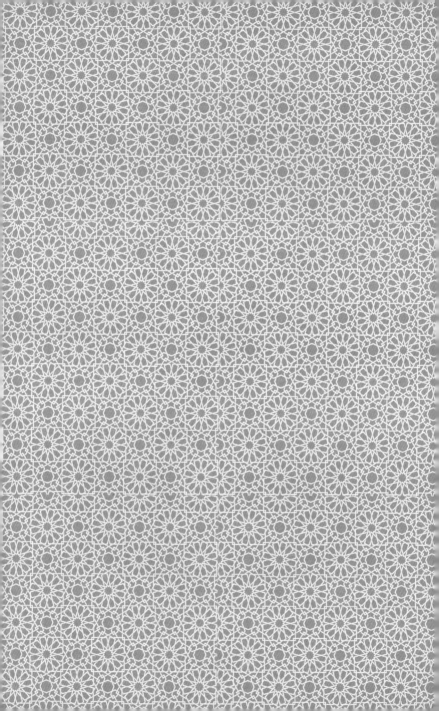

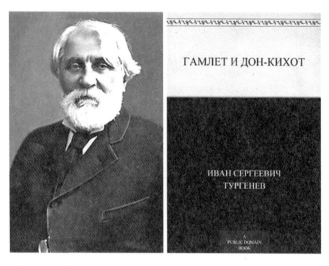

이반 투르게네프(1818~1883)와 《햄릿과 돈키호테》 러시아어 판 표지

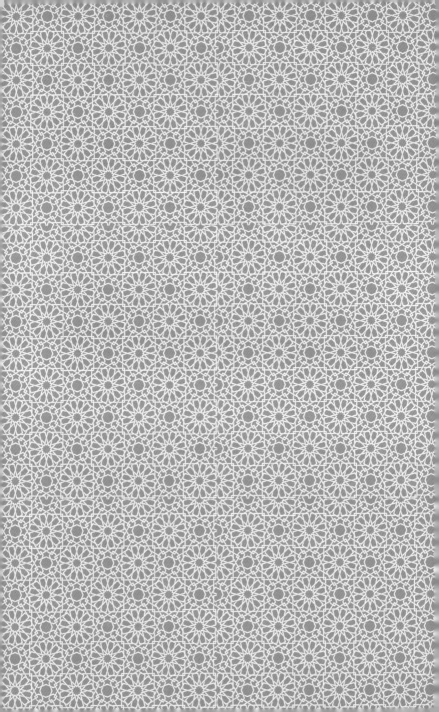

차례

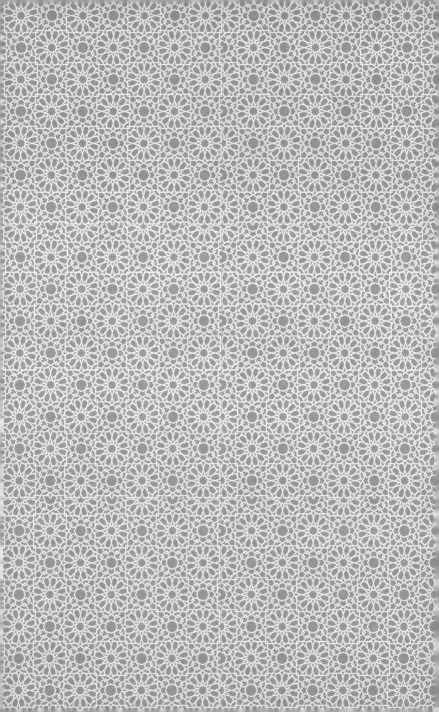

1장

셰익스피어와 세르반테스의
같은 듯 다른 인생

셰익스피어 시대와 《햄릿》

윌리엄 셰익스피어(William Shakespeare)의 삶은 온통 의문 투성이다. 셰익스피어의 초상화 속 모습은 실제 셰익스피어가 아니며 묘지 속의 주검도 그가 아니라고 말할 정도다. 셰익스피어는 1564년 잉글랜드 중부의 시골 마을 스트랫퍼드 어폰 에이번(Stratford-upon-Avon)에서 태어났다. 정확한 출생일은 알려지지 않았고 4월 26일의 유아세례 기록만 남아 있다. 아버지가 피혁 공장을 운영하여 중산층으로 살았으나 이내 몰락하는 바람에 13세 때 학업을 중단하고 말았다. 이후의 행적은 알려진 것이 거의 없다. 다만 연상의 여인과 16세 때 결혼해 나중에 햄닛(Hamnet, 햄릿과 철자 하나가 다르다)과 주디스(Judith)라는 쌍둥이를 낳은 후 유랑 길에 나섰다는 기록이 있으며, 이후 런던으로 진출해 단역배우를 했다고 한다.

셰익스피어의 생가로 알려진 스트랫퍼드 어폰 에이번의 목조 가옥

셰익스피어가 활약한 16세기 후반은 엘리자베스 여왕
(Elizabeth I, 헨리 8세와 앤 볼린 사이에서 1533년에 태어나 1558년
에 즉위, 1603년에 사망)이 통치하던 시기로 런던은 활기 넘치
는 도시였으며, 영국은 역사적 사건들뿐만 아니라 그 바탕에
흐르는 이데올로기에서도 새로운 패러다임이 형성되던 그야
말로 시대의 전환기였다. 조금 늦은 르네상스의 유입으로 인
한 봉건 체제에서 근대국가 체제로의 전환, 엘리자베스 여왕
의 통치를 통해 에스파냐를 누르고 유럽 열강으로의 등극, 상

업주의의 부상, 다양한 문화 산업의 번성 등 이른바 '해가 지지 않는 팍스 브리태니커(Pax Britannica, 대영제국의 평화)'를 구가하던 시기였다.

　엘리자베스 여왕은 연극을 좋아해 셰익스피어에게 연극을 부탁했고, 그는 《윈저의 즐거운 아낙네들(The Merry Wives of Windsor)》(1597년경)이란 작품을 써서 헌정하기도 했다. 이렇듯 운 좋게도 문학적 자양분이 풍부하게 제공되던 시대에 태어난 그는 당시의 사회 변동 양상을 선구자적으로 재현함으로써 위대한 작가의 반열에 올랐다.

　셰익스피어가 극장가에서 두각을 나타낼 무렵에는 옥스퍼드나 케임브리지 등의 대학 출신 극작가가 많이 활동했는데, 당시 극작가로 이름을 날렸던 로버트 그린(Robert Greene)은 셰익스피어를 질투하면서 "라틴어는 조금밖에 모르고 그리스어는 더욱 모르는 촌놈이 극장가를 뒤흔든다"며 비웃었다. 더구나 후대 사람들은 철학자이며 정치가였던 프랜시스 베이컨(Francis Bacon)이 셰익스피어 작품의 실제 저자라고 추정하기도 했다. 러시아의 대문호 톨스토이(Tolstoy)도 리어왕과 자신

나는 햄릿일까 돈키호테일까

의 늙은 모습이 겹치는 것이 불쾌해서였는지 셰익스피어를 비판하는 대열에 합류했다(《톨스토이가 싫어한 셰익스피어(Tolstoy on Shakespeare: a Critical Essay on Shakespeare)》, 1906).

그러나 1623년, 극작가이자 계관시인이었던 벤저민 존슨(Benjamin Jonson, 벤 존슨이라고도 부른다)은 그리스와 로마의 극작가와 견줄 수 있는 사람은 오직 셰익스피어뿐이라고 말하면서, "셰익스피어는 어느 한 시대의 사람이 아니라, 모든 시대의 사람"이라고 찬양했다. 특히 역사가이자 평론가 토머스 칼라일(Thomas Carlyle)은 "아무튼 언젠가는 인도제국을 잃게 되겠지만, 셰익스피어는 사라지지 않을 것이며, 영원히 우리와 함께할 것이다(《영웅 숭배론(On Heroes, Hero-Worship, and the Heroic in History)》, 1841)"라고 말함으로써 그의 위대한 예술적 정신을 기렸다.

《햄릿》의 줄거리

권력을 향한 인간의 탐욕, 위선, 사악함과 그로 인한 햄릿의 인간적인 고통과 고뇌를 다룬 비극《햄릿(Hamlet)》. 이 작품은

12세기경 바다 건너 노르웨이와 맞서고 있던 덴마크 왕국의 엘시노어(Elsinore)성이 주 무대이다.

햄릿은 독일 비텐베르크 대학교에 유학 중인 30세 청년이다. 이곳은 400여 년 후 마르틴 루터가 '종교개혁'에 불을 붙인 명소이기도 하다. 햄릿은 아버지의 사망 소식을 듣고 급히 귀국하는데, 어머니 거트루드(Gertrude)는 햄릿에게 아버지가 정원을 산책하다가 독사에 물려 죽었다고 거짓말을 한다.

엘시노어성의 모델인 덴마크 최북단의 크론보르(Kronborg)성

나는 햄릿일까 돈키호테일까

그러던 어느 날 밤 성에 자주 나타났다던 아버지를 닮은 망령이 햄릿 앞에 나타나 햄릿의 작은아버지 클라우디우스 (Claudius)가 왕좌와 왕비를 차지하기 위해 자신을 독살했다고 하소연한다. 아닌 게 아니라 남편이 죽은 지 두 달도 채 안 되어 어머니가 작은아버지와 재혼한 사실을 햄릿은 의아해했었다. 햄릿은 어머니의 이런 행위를 수치스럽게 생각했는데, 여기서 나온 유명한 말이 바로 이것이다.

약한 자여, 그대 이름은 여자이니라(Frailty, thy name is woman).

이때부터 햄릿의 회의와 고뇌가 시작된다. 유령의 말을 믿을 것인가 말 것인가, 복수를 할 것인가 말 것인가, 살 것인가 말 것인가…. 그는 자신을 사랑하는 오필리아(Ophelia)가 먼저 청혼해 왔을 때도 야멸차게 거절한다. 속내와 엇나가는 언행이다.

모두 모두 다 극악하기만 한 존재들이오. 사람이란 그렇소. 수녀원으로 가시오. 왜 사내와 사귀어 죄 많은 인간을 낳겠다는 거요! 수녀원으로 가시오.

그러다가 결국 자신에게 화살을 돌린다. 다음은 제3막 1장에 나오는 유명한 대사이다.

사느냐, 죽느냐, 그것이 문제로다(To be or not to be, that is the question).
잔인한 운명의 화살을 맞고도 죽은 듯 참아야 하는가?
아니면 성난 파도처럼 밀려오는 재앙에 맞서 싸워야 하는가.
죽는 것은 잠자는 것. 잠이 들면 꿈을 꾸겠지.
죽음이야말로 우리가 간절히 바라는 결말이 아니던가?
칼 한 자루면 이 모든 것을 끝낼 수 있는 것을.
죽음 이후의 불안 때문에 지금 이곳에 남아 고통을 견뎌내는
것이다.
이런 상념들이 결국 우리를 겁쟁이로 만드는구나.

요한 볼프강 폰 괴테(Johann Wolfgang von Goethe)는 이러한 햄릿을 두고 "훌륭하고 숭고한 가장 도덕적인 인간이지만, 영웅적인 기력이 부족하여 스스로 짊어지지도 못하고 던져버리지도 못하는 무거운 짐을 진 채 거꾸러진 인간이다"라고 평하기도 했다.

마침내 햄릿은 진상을 확인하기 위해 남몰래 계획을 세운다. 그는 이러한 계획을 들키지 않으려고 정신병자처럼 행동한다. 그러면서도 인생에 대한 번민은 끊이지 않았다. 그러던 어느 날 성에 한 유랑 극단이 들어온다. 미쳐버린 햄릿을 위로하기 위해 왕이 연극을 계획한 것이다. 하지만 이때 햄릿은 몰래 배우들을 불러 부왕과 작은아버지와 어머니인 왕비의 관계를 묘사한 〈곤자고의 살해(The Murder of Gonzago)〉(곤자고 공작의 귀에 조카 루시아누스가 독약을 부어 넣어 죽이는 극으로, 우리나라에서는 〈쥐덫〉이라는 제목으로 상연되었다)를 상연하도록 한다. 연극을 보던 숙부 클라우디우스는 독살 장면이 나오자 예상대로 눈살을 찌푸리며 퇴장해 버린다. 이로써 햄릿은 망령의 말을 확인하게 된다.

혼자 방으로 돌아온 클라우디우스는 분노와 공포를 억제하지 못하고 중얼거리며 참회하는데, 그런 그를 차마 죽이지 못하고 햄릿은 어머니를 찾는다. 이때 햄릿은 커튼 뒤에서 어머니와의 대화를 몰래 엿듣고 있던 오필리아의 아버지 폴로니우스(Polonius)를 실수로 살해한다. 이 충격으로 오필리아는 실성해서 물에 빠져 죽고, 폴로니우스의 아들 레어티스(Laertes)는

장 조르주 비베르(Jehan Georges Vibert), 〈커튼 뒤의 폴로니우스(Polonius behind the curtain)〉, 1868

나는 햄릿일까 돈키호테일까

아버지와 누이의 원수를 갚겠다며 왕에게 햄릿과의 결투를 청한다.

　햄릿을 살해할 음모를 꾸민 클라우디우스는 레어티스를 충동질하여 독을 묻힌 검을 가지고 햄릿과 대결하게 한다. 그러나 햄릿은 대결에서 레어티스를 찔러 승리를 거두는데, 햄릿의 기개에 감탄한 레어티스는 클라우디우스의 음모를 고백하고 숨을 거둔다. 어머니도 독이 든 음료수를 들이켜고 죽자 격분한 햄릿은 왕의 가슴을 찌르고 아버지의 원수를 갚지만, 햄릿도 독이 묻은 칼에 상처를 입어 얼마 후 죽음을 맞는다. 그리고 숙적인 노르웨이의 왕자 포틴브라스(Fortinbras)에게 덴마크의 왕권을 넘기고, 성으로 들어온 포틴브라스는 경의를 다해 햄릿의 장례를 치르도록 지시하면서 《햄릿》은 비극으로 막을 내린다.

세르반테스 시대와 《돈키호테》

얼마 전에 작고한 20세기 최고의 문학평론가 해럴드 블룸(Harold Bloom)은 미겔 데 세르반테스(Miguel de Cervantes Saavedra)와 돈키호테의 관계를 다음과 같이 말했다.

세르반테스는 글 쓰는 방법을 알았고,
돈키호테는 행동하는 방법을 알았다.
이 두 사람은 오로지 서로를 위해 태어난 하나다.

세르반테스는 1547년 9월 29일, 마드리드 근처의 알칼라 데 에나레스(Alcalá de Henares)라는 작은 마을에서 태어났다. 아버지는 외과 의사였지만 가난해서 교육도 제대로 받지 못한 그는 어렸을 적부터 떠돌이 신세가 됐다.

알칼라 데 에나레스의 세르반테스 생가 박물관(Museo Casa Natal de Cervantes)

청년이 된 세르반테스는 교황의 사절로 에스파냐를 방문한 추기경을 따라 이탈리아로 건너가 시중을 들다가 1570년 여름 베네치아 주둔 에스파냐 군에 입대했다. 1571년 10월 7일, 베네치아와 제노바, 에스파냐의 연합군이 오스만 튀르크와 지중해의 패권을 놓고 격돌한 레판토 해전(Battle of Lepanto)에서 세르반테스는 세 발의 총상을 입었고, 그 후유증으로 평생 왼손을 쓰지 못하고 '레판토의 외팔이'라는 별명을 얻었다.

1575년 9월 세르반테스는 전역한 뒤 바르셀로나로 향하는 '태양호(Sol)'에 올랐다. 하지만 그는 출항 엿새 만에 해적선의 습격을 받아 포로가 되어 알제리로 끌려갔다. 세르반테스는 몇 차례 탈출을 시도했으나 수포로 돌아갔다. 그 후 5년간의 납치 생활을 마친 1580년, 그는 '성 삼위일체 탁발수도원'의 도움으로 마침내 에스파냐에 돌아갈 수 있었다.

고향으로 돌아온 그의 삶은 여전히 궁핍했다. 천신만고 끝에 무적함대(Spanish Armada)의 세금 징수관으로 일하게 됐지만, 세금의 배달 사고 때문에 징역형을 받고 만다. 하지만 그에게 징수관 시절 여러 도시를 오가며 눈여겨본 여관과 인물들, 또 1597년의 세비야 감옥은 어쩌면《돈키호테(El Ingenioso Hidalgo Don Quixote de la Mancha, 라만차의 기발한 기사 돈키호테)》를 탄생시킨 모태일지도 모른다.

1605년에 출간된《돈키호테》제1권은 커다란 성공을 거두었지만, 세르반테스가 생활고로 인해 출판업자에게 저작권을 넘기는 바람에 그리 큰 이득을 얻지 못했다. 이후 수도원에 들어가 생활하면서 1615년《돈키호테》제2권을 펴냈으며, 정식

마드리드의 삼위일체 탁발수녀원에서 발견된 세르반테스의 관과 유골. 세르반테스 이름 이니셜인 'M. C.'가 선명하다.

으로 수도 서원을 했을 즈음에는 이미 병이 악화되는 바람에 결국 세상을 뜨고 말았다.

세르반테스는 본인이 원한 마드리드의 삼위일체 탁발수녀원(Convent of the Barefoot Trinitarians)에 안장되었으나, 그 후 수녀원이 확장되고 수차례 재건축되면서 묘지가 사라지고 말았다. 그러다가 2015년 세르반테스의 유골을 발견했다는 기사가 나왔다. 프란시스코 에체베리아(Francisco Echeverría) 박사가 이끄는 발굴 팀이 수녀원 지하에서 'M.C.'라는 이니셜이 찍힌 관을 찾았는데, 그것이 세르반테스의 이니셜이라는 것이다.

세르반테스는 스페인이 신대륙 진출과 더불어 열강의 대열에 합류한 16세기 중반에 태어나 1588년 스페인 무적함대가 영국에 격파당한 뒤 서서히 몰락의 길에 들어선 17세기 초에 사망했다. 그래서 아버지 시대의 융성(카를 5세, 재위 1519~1556년)과 아들 시대(펠리페 2세, 재위 1556~1598년)의 추락을 모두 경험했다. 스페인은 카를 5세(Charles V) 치세 당시 정복자 에르난 코르테스(Hernán Cortés) 등에 힘입어 아메리카에 거대한 식민지를 건설하고 막대한 부를 얻었다. 하지만 번영은 그리 오래가지 않았다. 카를 5세의 뒤를 이은 펠리페 2세(Felipe II)가 시기심 많고 무능력한 탓에 열강의 지위를 영국에 넘겨주고 만 것이다. 그는 당시 떠오르는 영국의 엘리자베스 여왕에게 청혼했다가 거절당하기도 했는데, 이때 엘리자베스 여왕이 퇴짜를 놓으면서 이렇게 말했다는 설도 있다.

나는 아무하고도 결혼하지 않겠습니다.
왜냐면 나는 조국 잉글랜드와 결혼했기 때문입니다.

《돈키호테》의 주인공 돈키호테와 산초 판사(Sancho Panza)는 세르반테스가 살았던 영웅적 '가상 세계'와 환멸의 '현실 세계'를 각각 대표하는 인물로 볼 수 있다. 최초의 근대소설《돈키호테》에서 16세기 중반과 17세기 초 스페인의 이중성을 구현한 세르반테스는 어쩌면 완벽한 시대의 아들이요, 자기 시대의 기록자였다고 할 수 있을 것이다. 2002년 노르웨이 노벨연구소(Det Norske Nobelinstitutt)와 북 클럽스(Bokklubben)는 '인류 최고 문학 100선' 중 1등을《돈키호테》에게 수여함으로써 그의 명성을 한층 드높여주기도 했다.

모든 소설가는 어떤 형식으로든 모두 세르반테스의 자손들이다.

— 밀란 쿤데라(Milan Kundera)

《돈키호테》의 줄거리

《돈키호테》는 양이 상당하다. 그래서인지 본고장 스페인에서도 이 소설을 끝까지 읽은 사람이 10명 중 2명에 지나지 않는다고 한다. 우선 제1권은 이렇게 시작한다.

주인공 알론소 키하노(Alonso Quijano)는 기사에 대한 소설을 너무 많이 읽은 바람에 점차 상상 속에 빠져들면서 자신을 스스로 '라만차의 돈키호테(Don Quixote of La Mancha)'라 칭했다. 중세 무기와 복장을 하고 명마(?) 로시난테(Rosinante)에 올라탄 그는 마침내 모험을 떠난다. 그리하여 그는 상상 속의 여인 둘시네아(Dulcinea)의 사랑도 얻고 기사의 숭고한 이상을 실천하려고 한다. 그는 라만차의 들판을 가로질러 어느 성에 도착하지만, 사실 그것은 주막이었고 거기서 주인과 하녀들의 조롱을 받으며 편력 기사가 되는 의식을 치른다. 주막을 나선 그는 길에서 만난 상인들에게 둘시네아가 이 세상에서 가장 아름다운 여인이라는 사실을 말하도록 강요하다가 몰매를 맞고 길가에 쓰러지지만, 우연히 같은 마을에 사는 농부가 그를 알아보고 집으로 데려다준다. 기사 소설 때문에 돈키호테에게 광기가 생겼다고 여긴 주변 사람들은 그의 서재에 있는 책들을 모조리 불살라버린다.

그러나 돈키호테는 다시 정신을 차리고는 순진한 농부 산초 판사를 설득하여 하인으로 삼은 뒤 어느 날 밤 조용히 두 번째 모험을 떠난다. 그러다가 풍차를 만나자 산초 판사가 극구 말렸지만 돈키호테는 풍차가 거인 프리스톤(Friston)이 둔갑한 것

귀스타브 도레(Gustave Doré), 〈풍차에 돌진하다 나자빠진 돈키호테를 바라보는 산초 판사〉, 1863. 파리 아셰트 출판사 판(Hachette edition)에 실렸다.

으로 믿고 풍차와 싸움을 벌이다 보기 좋게 나가떨어진다. 또 수도사와 비스카야 출신 부인이 탄 마차를 보고 공주를 납치해 간다고 여겨 결투를 벌이고, 양구아스인들과도 싸운 뒤 주막에 들러 쉬는데, 그 주막도 성이라고 여기며 한판 소동을 일으킨다. 양 떼를 적군이라고 착각하고 벌인 모험에서부터 죄수를 풀어주려다 오히려 두들겨 맞은 사건, 둘시네아를 위해 모레나 산맥에서 고행을 하는 모험, 세숫대야를 맘브리노 투구로 여겨 쟁취하는 이야기, 포도주가 담긴 가죽 부대를 거인이라고 착각하여 벌이는 결투 등에 이르기까지 온갖 사건이 일어난다. 결국 고향의 신부와 이발사는 그를 유인하여 다시 고향집으로 데리고 간다.

제2권에서는 몸을 추스른 돈키호테가 또다시 모험에 나서는 이야기가 펼쳐진다. 비록 동네 사람들의 꾐에 넘어가 집으로 돌아오긴 했으나 돈키호테는 마침내 세 번째 모험에 나선다. 이번에도 그는 산초 판사를 데리고 제1권에서와 마찬가지로 같은 실수와 소동을 되풀이한다. 그들이 처음 향한 곳은 둘시네아의 축복을 받으러 들른 엘 토보소의 마을이었다. 돈키호테가 산초에게 둘시네아를 불러오라고 하자 당황한 산초는

폴 하디(Paul Hardy), 〈은빛 달의 기사(the Knight of the White Moon)〉, 1911

1장 셰익스피어와 세르반테스의 같은 듯 다른 인생

그녀의 모델이 된 알돈사 로렌소(Aldonza Lorenzo)도 몰랐기 때문에 거리에 나온 세 명의 시골 여자를 둘시네아와 시녀라고 우기기로 했다. 돈키호테는 마법사들이 둘시네아를 시골 여자로 보이도록 마법을 걸었다고 여기며 그들 앞에 무릎을 꿇고 충성을 맹세했지만 그녀들은 전혀 상대하지 않는다.

다시 길을 나선 돈키호테에게 같은 동네에 사는 학자 삼손 카라스코(Samson Carrasco)가 나타나 돈키호테를 고향으로 데려가기 위해 변장을 한 뒤 결투를 신청한다. 기사 소설에 나온 결투와 맹세를 이용한 것이다. 처음에 '숲의 기사', '거울의 기사'라고 불린 카라스코는 돈키호테와 결투를 벌이고 일부러 패한다. 이후 길을 가던 돈키호테 일행은 국왕에게 바칠 사자를 태운 마차를 세우고 사자와 결투하기를 청한다. 하지만 사자가 가소롭다는 듯이 돈키호테를 상대하지 않고 드러눕자 돈키호테는 자신이 이긴 것으로 치부한다. 또 카마초라는 부자와 키테리아라는 여인의 결혼식에 들러서는 진실로 사랑하는 바시리오와 카테리아를 맺어주고 떠나기도 한다. 여행을 계속하던 두 사람은 매사냥 패거리 안에 있던 공작부인을 만난다. 그녀는 돈키호테와 산초를 자기 성에 초대하는데, 공작 부부는 이 우스꽝스러운 돈키호테 일행을 놀려주려고 떠돌이 기사를 환대해 준다. 이들은 공작 부부의 계획에 놀아나면서도 모험을 계속하고, 무사 수업 도중에 산초는 마침내 자기 희망이 실현되어 바라타리아(Barataria)섬의 총독이 된다. 물론 자신의 무능력을 인정하고 물러나기는 하지만 말이다.

이윽고 '은빛 달의 기사'로 변장한 카라스코는 두 번째 결투에서 돈키호테를 보기 좋게 무찌르고는 그에게 고향에 돌아가 1년 동안 편력 기사의 모험을 포기할 것을 요구한다. 이런 상황에서 산초는 돈키호테가 동경하던 공주 둘시네아의 마법은 풀 수 없다는 거짓말을 하며 귀향을 부추긴 끝에 결국 돈키호테는 고향으로 돌아오지만 병을 얻고 만다. 돈키호테가 죽기 전에 산초와 삼손은 그에게 활력을 주기 위해 함께 양치기가 되기로 하지 않았냐는 얘기와 함께 둘시네아의 마법이 풀렸다고 말하며 그를 격려한다. 그러나 제정신으로 돌아온 돈키호테는 이를 믿지 않는다. 얼마 후 자신의 유산을 하인 노릇을 했던 산초와 가족에게 모두 물려준 돈키호테는 알론소 키하노로 돌아와 숨을 거둔다.

그 용기가 하늘을 찌른 강인한 이달고(hidalgo)[01] 이곳에 잠드
노라.
죽음이 죽음으로도 그의 목숨을 이기지 못했음을 깨닫노라.
그는 온 세상을 하찮게 여겼으니, 세상은 그가 무서워 떨었
노라.
그런 시절 그의 운명은 그가 미쳐 살다가 정신 들어 죽었음
을 보증하노라.

— 돈키호테의 묘비명

2장

햄릿과 돈키호테[02]

셰익스피어의 비극《햄릿》과 세르반테스의 소설《돈키호테》제1권은 17세기에 들어선 지 얼마 안 된 해에 동시에 출간되었다.[03] 이 두 작품이 동시에 세상에 나왔다는 사실에는 심상치 않은 의미가 담겨 있다. 두 작품이 얼마 되지 않는 시차를 두고 탄생했다는 점은 일련의 시대적 사건들 전반을 들여다보도록 유혹한다. 괴테는 이렇게 말했다.

한 시인을 제대로 이해하고자 하는 사람이라면
그 시인이 살아온 환경 속으로 들어가야 한다.

이 말대로라면 시인이 아닌 사람은 그런 요구를 할 자격이 없을지 모르겠지만, 그렇다고 해도 독자가 그를 벗 삼아 산책

《햄릿》1605년 판 표지　　　　《돈키호테》제1권 1605년 초판 표지

을 즐겨주기를 바랄 수는 있지 않을까? 독자가 자신의 탐험 여
행에 함께하기를 바랄 수는 있지 않을까? 이런 내 엉뚱한 생각
에 혹자는 당혹해할지도 모르겠다. 하지만 발군의 천재적 지
성이 창조해낸, 그래서 영원한 생명력을 품고 있는 두 걸작에
는 특이한 점이 있다. 작품에 담긴 개념들, 일반적으로 보면 삶
에 대한 개념들이 서로 판이하게 달라 심지어 대척적이라 할
만함에도 불구하고 둘 다 설득력이 있다는 점이 그렇다.

　《햄릿》에 대해서는 이미 수많은 평론이 나와 있고 앞으로도 훨씬 더 많은 비평이 쏟아져 나올 것이다. 이미 수많은 학자가 햄릿이란 인물을 샅샅이 살펴, 깊이를 알 수 없는 샘처럼 불가해한 인물로 나름의 다양한 결론을 내놓은 터이다. 반면에 《돈키호테》는 작품의 의도가 유별난 데다 묘사가 남쪽 햇볕이 스며든 듯 참으로 경탄할 만큼 명징한 탓에 《햄릿》에서와 같은 다양한 비평적 반응을 허용하지 않는다.

하지만 우리가 돈키호테라는 인물을 애매모호한 형태로 이해하고 있는 것은 불행한 일이다. 어릿광대에게 돈키호테라는 이름을 붙여주기도 하고 돈키호테적인 발상이라면 공상적인 헛소리를 떠올리는가 하면, 사람에 따라서는 돈키호테가 비록 터무니없는 인물로 묘사되었다 할지라도 사실상 자기희생의 전형으로 받아들여져야 마땅하다는 견해도 있기 때문이다.

앞서 언급했듯이 두 걸작이 동시에 세상에 나왔다는 사실 때문에 우리는 이 두 작품을 면밀히 살펴볼 필요가 있다. 내가 보기에 이 두 유형의 인물 속에는 기본적으로 대조적인 두 성향, 즉 인간이 하나의 회전축을 중심으로 돌고 있다고 할 때 그 축의 양극단이 구현되어 있는 듯하다. 내 생각에 모든 사람은 이 두 유형 가운데 어느 하나에 속해 있다. 햄릿의 유형에 속한 사람이 있는가 하면 돈키호테 유형인 사람도 있다. 물론 오늘날 햄릿 유형의 사람들이 훨씬 흔하지만 돈키호테 유형의 사람들이라 해서 찾아보기 어려운 것은 결코 아니다.

예를 들어보자. 모든 사람은 의식적이든 아니든 일정한 원칙, 특정한 이상에 따라 살고 있다. 한마디로 사람들은 스스로 진실이라 여기는, 아름답다고 여기는, 혹은 선하다고 여기는 것 등등을 기준으로 해서 살고 있다. 많은 이들은 역사적으로 수용된 특정 관습을 온전히 자신의 이상으로 삼는다. 그들은 그 이상이 보여주는 환영에 순응하며 살아간다. 그런 부류는 때때로 열정에 사로잡혀, 혹은 뜻밖의 사건에 내몰려 제 길을 벗어나기도 하지만 그렇다고 깊은 생각에 잠기거나 의심하는 법이 없다. 반면에 어떤 이들은 그 이상을 꼼꼼히 따져보고 깊이를 재본다. 아무튼 보통 사람들의 경우 자기 내면에든 아니면 어떤 외부의 목표에든 기본적인 이상, 즉 삶의 토대가 존재한다고 해도 지나친 말은 아니다. 달리 말하면 우리들 중에는 자신의 자아를 매우 중요시하는 사람이 있는가 하면 자아보다 더 높은 차원의 무언가를 중요시 여기는 사람이 있다.

혹자는 '나'라는 자아와 그 자아가 자신보다 훨씬 더 소중히 여기는 주변의 무엇 사이가 그렇듯 그 두 가지를 명쾌하게 구분 짓는 일은 불가능하다고 반박할지 모른다. 요컨대 한때는 이것에 주의를 기울이다가도 곧 다른 것에 관심을 가지는 식으로 양쪽 모두를 품는 사람도 있을 수 있으며 심지어는 그것들이 서로 모습을 바꿔가며 등장할 수도 있다는 것이다. 하지만 나는 변화와 모순이 인간 본성에서 전혀 불가능하다는 말을 하려고 했던 것이 아니다. 그저 이상을 대하는 인간의 두 극단적인 자세를 보여주고 싶었을 뿐이다. 따라서 그 두 가지 자세가 내가 언급한 유형의 인간들에게 얼마나 본질적인 것인지를 보여주고자 한다.

먼저 돈키호테를 살펴보자. 돈키호테가 상징하는 바는 과연 무엇인가? 그를 들여다보는 일에 너무 조급할 필요는 없다. 그를 피상적으로 훑어볼 위험이 있기 때문이다. 돈키호테에게서 단순히 중세 기사들을 풍자하기 위해 설정된 기사의 모습을 떠올려서는 안 된다. 지금은 돈키호테라는 인물이 지닌 개성을 작가 자신이 수정해 왔다는 사실을 일반적으로 인정하는 분위기이다. 세르반테스의 작품 후편에서 돈키호테는 더 이상

전편에서와 같은 인물이 아니다. 후편에서 돈키호테는 동네북 신세인 익살맞고 우스꽝스러운 어릿광대의 탈을 벗어던지고 공작 부부의 유쾌한 동료로, 총독 호위대의 박식한 스승으로 등장한다.

문제의 핵심은 이렇다. 되풀이해서 말하는데 돈키호테는 어떤 인물로 전형화되는가? 무엇보다도 먼저 신뢰, 영원히 사라지지 않을 그 무언가에 대한 믿음을 들 수 있다. 이는 인간 개인의 이해력을 넘어서는 어떤 진실에 대한 믿음으로, 자기희생과 정도를 벗어나지 않는 숭배를 통해서만 이를 수 있다.

돈키호테는 그것을 위해서라면 필설로 형용할 수 없는 고통도 기꺼이 참아낼 수 있는, 필요하다면 자신의 생명까지도 희생할 수 있는 그런 이상에 대한 애착으로 가득 찬 인물이다. 돈키호테는 자신의 목숨도 이 세상에 정의와 진리를 가져다줄 이상에 봉사할 수 있는 한에서만 가치 있는 것이라 여긴다. 돈키호테의 혼란스러운 상상력은 발상 자체가 기사들의 공상적인 모험 세계에 바탕을 두고 있다고 말하는 사람들도 있을 수 있다. 그럴까? 돈키호테의 익살스러운 측면만을 보면 그렇다고도 할 수 있다. 하지만 그의 이상 자체는 여전히 순수하고 온전한 모습 그대로이다. 자기 자신을 위해 사는 것, 자기 욕심에 빠져 있는 것은 돈키호테에게는 수치스러운 일이다. 이런 표현이 가능할지 모르겠지만 그는 자기 밖에 존재한다. 돈키호테는 악을 무력화시키고 인류의 적이라 여기는 마술사, 거인과 같은 사악한 무리를 무찌르겠다는 희망을 품고 타인을 위해, 형제들을 위해 살아간다.

그에게서는 이기심의 흔적을 찾아볼 수 없다. 자기만의 기쁨을 누리는 데는 관심조차 없다. 그는 자기희생의 완벽한 화신이다. 이 자기희생이란 단어가 시사하는 바를 곱씹어보길 바란다! 돈키호테는 꼬치꼬치 캐묻지도 의심하지도 않는다. 그는 늘 꿋꿋한 자세로 믿는다. 따라서 그는 입에 풀칠조차 하기 힘들어도, 초라한 행색에도 행복해하며 언제나 의연하고 불평하지 않는다. 풍족한 삶을 위해 그가 하는 일이라고는 없다. 애당초 풍족함이라는 단어가 그의 머릿속에는 존재하지 않는다! 마음은 평화롭고 영혼은 초연하고 단호하다. 경건하지만 얽매이지 않는다. 오만하지 않고 자신을 불신하지도 자신의 소명과 심지어 육체적 능력을 의심하지도 않는다. 그의 의지는 강

철처럼 굳고 변함없다. 한 가지 동일한 목표를 향한 그의 끊임없는 분투는 그의 생각이 한결같음을 보여준다. 그의 사고력은 언제나 일방통행이다. 학자연하기는커녕 지식이란 것을 쓸데없는 것이라 여긴다. 이것저것 다 안다는 것이 그에게 무슨 소용이 있을까? 그가 알짜로 알고 있는 단 한 가지 것은 그가 '왜 무슨 이유로 존재하는가'이다. 이것이야말로 모든 학식의 초석이 아니겠는가?

돈키호테가 완전히 미친 사람처럼 보일 때도 있다. 눈앞에 너무도 명백한 물체들이 보이는데도 그가 그것들을 못 본 척 지나쳐버리는 경우가 흔하기 때문이다. 말하자면 그 누구도 혼동할 여지가 없는 사물들이 기사의 열정에 불타오른 그의 눈앞에서 마치 초가 녹아내리듯 사라져버리기 때문이다. 돈키호테는 실제로 목각 인형들에서 살아 있는 무어인들을 보고, 양 떼를 앞에 두고 기사들의 주군을 본다. 또 어떤 때에는 자신의 정신적 능력의 한계를 보이기도 하는데 시시한 놀이에도 함께할 수 없는, 누구나 쉽게 참여할 수 있는 일도 공유하지 못하는 모습을 보이기도 한다. 자신의 신념을 바꿀 수 없고 하나의 주제에서 다른 주제로 옮겨 다닐 능력이 없다는 면에서 보면 돈키호테는 땅속 깊숙이 뿌리내린 요지부동의 고목과도 같다.

　돈키호테의 도덕 체계가 갖는 중량감(정도에서 벗어난 산만한 기사가 세상에서 가장 도덕적인 창조물이라는 사실을 잊어서는 안 된다)은 그가 무슨 말을 하고 무슨 행동을 하든 그 말과 행동에 남다른 엄숙함과 위엄을 선사한다. 한마디로 그의 도덕적 성격은 끊임없이 굴러떨어지는 터무니없는 상황과 망신살에도 불구하고 그의 풍모 전반에 어떤 강직함을 부여한다. 돈키호테는 신념에 대한 헌신으로 빛을 발하는 일종의 광신자이다.

　그렇다면 햄릿이 상징하는 바는 무엇인가? 무엇보다 먼저 분석과 진단과 자기중심과 그에 따른 불신이다. 햄릿은 전적으로 자신을 위해 살아가는 인물이다. 본질적으로 아무리 자기중심적인 사람이라도 자기 홀로 믿음을 빚어낼 수는 없다. 사람은 오로지 자기 밖 혹은 자기 위에 있는 존재를 믿기 때문이다. 하지만 햄릿에게는 자신이 신뢰하지 않는 대상이 여전히 소중한 존재이다. 이곳이야말로 그가 언제나 회귀하는 궁극적인 자리이다. 그의 영혼은 영혼 너머의 세계에서 스스로 신봉할 대상을 발견할 수 없기 때문이다. 햄릿은 회의론자이지만 항상 그 자신에 관해 혼란스러워하는 인물이다. 그는 자신이 어떤 심적 상황에 있든 상관없이 영원히 흔들린다.

햄릿은 모든 것을 의심하면서 자신의 자아 역시 매몰차게 의심의 대상에 올린다. 그는 지나치게 사려가 깊고 공정한 나머지 자신의 내부에서 스스로 발견한 것에 만족할 수 없다. 자의식이 강하고 자신이 나약한 존재임을 알고 있는 햄릿은 자신의 힘이 얼마나 제한적인지를 깨닫는다. 하지만 햄릿에게는 이런 자의식 자체가 일종의 힘이다. 돈키호테의 열정과는 정확히 대척점에 있는 역설이 바로 그것으로부터 나온다.

햄릿은 자기 자신에게 기꺼이 독설을 퍼붓고 자신의 단점을 과장하고 자신을 염탐하고 자신의 아주 사소한 결점에 집착하고 자신을 스스로 경멸함과 동시에 그 경멸을 즐긴다. 햄릿은 자기 자신을 불신함과 동시에 그 자신에 대한 걱정이 자심하다. 햄릿은 자신이 찾고 있는 것이 무엇인지, 살아야 할 이유가 도대체 무엇인지, 왜 끈덕지게 삶에 집착하는지 모르기 때문이다.

《햄릿》제1막 제2장에서 그는 이렇게 절규한다.

오, 이 너무도 너무도 더러운 육신이 녹아

흐물흐물 녹아내려 한 방울 이슬로 사라지기를!

그리 될 수 없다면 신께서는 어찌

제 스스로 목숨을 해하지 말라는 계율을 정했단 말입니까!

오 신이시여! 신이시여!

이 세상 모든 관습이 내게는 어찌 이리도

지겹고 퀴퀴하고 맥 빠지고 헛되어 보이는가!

하지만 햄릿은 이 맥 빠지고 헛된 삶을 포기하지 않을 것이
다. 그는 아버지의 유령이 나타나기 오래전부터, 이미 무력화
된 의지에 치명타를 가하는 이런 섬뜩한 절규와 함께 자살을
곱씹어오고 있었지만 감행하지는 않는다. 햄릿의 삶에 대한
애착은 그가 사색 끝에 이런 말을 던진 데서 드러난다. 열여덟
나이라면 그런 감정이 어찌 들지 않겠는가?

뜨거운 피가 솟구쳐 오를 때 영혼이 어찌나 종잡을 수 없이

날뛰는지!

햄릿을 너무 가혹하게 다루어서는 안 될 듯하다. 그는 고통에 몸부림치고 그 고통은 돈키호테의 고통보다 더 치명적이고 극심하고 강렬하다. 돈키호테는 험악한 양치기들과 돈키호테가 나서서 석방시킨 죄인들의 공격을 받지만, 햄릿의 상처는 스스로가 자초한 상처이다. 햄릿은 자신을 괴롭히고 고문하는 분석이라는 양날의 칼을 쥐고 있다.

마땅히 인정해야 할 사실이지만 돈키호테는 진짜로 우스꽝스러운 인물이다. 지금까지 그 어떤 시인도 그처럼 익살스러운 인물을 묘사한 적이 없다. 심지어 그의 이름이 러시아의 농부들 사이에서조차 비웃음의 별칭으로 불리고 있음은 우리들의 귀가 입증해 주는 사실이다. 여기저기 헝겊을 덧대 기운 누더기 차림에 수척한 얼굴을 하고 유령처럼 창백한 늙은 말 위에 두 발을 쩍 벌린 채 무언가에 홀린 듯 앉아 있는 깡마른 인물이 있다면 그에게서 돈키호테라는 이름을 떠올릴 수밖에 없지 않겠는가. 더군다나 다리를 절룩이는 바람 든 로시난테, 조롱 섞인 연민을 자아내는 동물도 함께이지 않은가.

그렇다. 돈키호테는 무언가 조화롭지 못하다. 하지만 어찌

된 일인지 그를 보고 웃는 사람들은 기꺼이 그를 용서하고 인내할 태세를 갖추고 있다. "지금 비웃는 자를 언젠가 공경할 날이 올지 모른다"는 격언이 맞는 말이라면 거기에 이 말을 덧붙일 수도 있을 듯하다. "당신이 누군가를 비웃었다면 이미 당신은 그를 용서한 것이고 바야흐로 사랑할 찰나에 있는 것이다."

햄릿은 다르다. 그의 외모는 매력적이다. 쓸쓸한 표정, 창백한 얼굴(사실 햄릿은 말랐다기보다 약간 통통한 편이지만 그의 어머니 눈에 "햄릿은 뚱뚱하다"), 검은 벨벳 옷, 모자에 꽂은 깃털, 정중한 태도, 시를 읊조리는 듯한 말투, 타인에 대한 변함없는 우월감, 자기 자신에 대한 신랄한 조소, 이 모든 것이 우리를 사로잡고 매혹한다. 푸시킨이 친구이자 동시대 시인이었던 예브게니 바라틴스키(Yevgeny Baratynsky)[04]를 '햄릿 바라틴스키'라 불렀던 것처럼 누구나 햄릿처럼 보이고 싶지 돈키호테처럼 보이고 싶은 사람은 없을 것이다. 그리고 그 누구도 햄릿을 조롱할 생각을 하지 못할 것이다. 바로 거기에 햄릿이 받은 형벌이 존재한다. 허레이쇼(Horatio) 정도 되는 인물이라면 모를까 햄릿을 사랑하는 일은 거의 불가능하기 때문이다. 이 점은 나중에 더 살펴보기로 하자. 거의 모든 사람이 햄릿에게서 자신도 갖고 있는 특징을 찾아낼 수 있기 때문에 햄릿에 공감할 게 분명하다. 그러나 다시 말하지만 그를 사랑하는 일은 불가능하다. 햄릿 자신이 그 누구도 사랑할 수 없기 때문이다.

두 인물을 좀 더 확대해서 비교해 보자. 햄릿은 왕의 아들이고 그의 숙부는 왕위를 찬탈하기 위해 햄릿의 아버지를 독살한다. 햄릿의 아버지는 "지옥 불과도 같은 고통의 화염"에 휩싸인 채 무덤에서 나와 햄릿에게 자신을 살해한 숙부에 복수하라고 명령한다. 하지만 햄릿은 망설이고 어물거리고 자책을 하며 자위한다. 그는 결국 자신의 의붓아버지를 살해하지만, 그것은 어디까지나 우연이다. 바로 여기에 사려 깊은 비평가들조차 과감히 셰익스피어를 질책해 온 심리학적으로 심오한 애매모호함이 존재한다!

하지만 아무런 사회적 배경도 없는 늙고 가난한 외톨이 돈키호테는 악을 뿌리 뽑고 온 세상의 박해받는 자라면 누구든 구하기 위해 홀로 나선다. 폭압으로부터 동심을 지키고자 하는 돈키호테의 첫 시도가 그 동심에게 오히려 고통을 배가시킨다 한들 본질은 그게 아니다! (나는 돈키호테가 주인으로부터 온갖 학대를 받던 한 도제를 구출하는 대목을 말하고 있다. 그런데 도제를 구출해 준 사람이 사라지자 격분한 장인은 그 소년에게 열 배의 벌을 가한다.) 풍차를 위협적인 거인으로 믿고 공격하는 장면에서도 결국 돈키호테가 인간에게 유용한 대상을 파괴하고 있는 것이라 한들 상관없다. 익살스러운 맥락 때문에 그 일화 내부에 숨은 본질적인 의미를 놓쳐서는 안 된다. 자기를 희생할 찰나에 있는 사람이 그 일에 앞서서 자기 행동이 어떤 결과를 낳을지 일일이 따져보고 판단해야 한다는 것은 어불성설이다. 그런 세부적인 일에 지나치게 신경을 쓰는 사람은 자기 몸을 내던질 수 없는 법이다.

돈키호테와는 다르게 햄릿은 그런 경험을 결코 할 수 없는 인물이다. 세상사 모든 일을 다 이해하고 있다는 식의 치밀한 정신의 소유자인 햄릿은 그런 조잡한 실수를 저지르지 않는다. 말해 무엇하리! 햄릿은 결코 풍차를 향해 돌진하는 성스러운 전투에 나설 리가 없다. 풍차가 실제 거인이라 해도 그들에게서 멀찌감치 떨어져 있을 것이다. 이발사의 세숫대야를 놓고 진짜 맘브리노의 마술 투구라고 사람들을 설득하면서 실랑이를 벌이는 일 따위는 햄릿에게 결코 일어나지 않는다. 심지어 나는 진리의 화신이 햄릿 앞에 모습을 드러낸다 해도 그는 여전히 그것이 진짜라는 데 회의적인 모습을 보일 것이라고 생각한다. 풍차 앞에서 거인이 없다고 생각하듯이 진리의 화신에 도전하면서 진리는 없다고 말할지도 모른다.

우리는 돈키호테를 비웃는다. 하지만 따지고 보면 과연 우리 가운데 그 누가 언제나 어느 상황에서든 놋쇠 세숫대야와 마법의 황금 투구를 구분할 수 있다고 자신할 수 있겠는가? 과거에 자신이 확신했던 바와 현재 확신하고 있는 바를 양심적으로 들여다보자. 그런 다음 자신이 이것과 저것이 다르다고 얼마만큼 확신할 수 있는지 밝혀보자. 내 생각에 정말 중요한 것은 확신 그 자체의 지속성에 있다. 결론적으로 말하자면 그것은 운명의 손아귀에 있다. 운명만이 우리가 진짜 적의 망령들과 싸우고 있는지 여부를 밝혀줄 수 있다. 우리의 목적은 무기를 들고 싸우는 것이다.

햄릿과 돈키호테가 군중, 이른바 인간과 맺고 있는 관계 또한 주목할 가치가 있다. 이 군중을 대표하는 인물이 《햄릿》의 폴로니우스요,《돈키호테》의 산초이다.

존 길버트(John Gilbert), 〈햄릿과 어머니 거트루드, 숙부 클라우디우스 그리고 노인 폴로니우스(Hamlet, Gertrude, Claudius and Polonius)〉, 1867

폴로니우스는 고집불통에 수다스럽기까지 하지만 적극적이고 현실적이며 세상 물정에 밝은 노인이다. 그는 훌륭한 재상에 모범적인 아버지다. 이러한 모습은 그가 해외로 떠날 채비를 하는 아들 레어티스에게 충고하는 대목에 잘 드러나 있다. 폴로니우스는 햄릿을 편집증 환자라기보다는 철없는 어린 아이라 여긴다. 만일 햄릿이 왕자가 아니었다면 폴로니우스는 그의 경솔함과 생각을 실천하는 데 서툰 모습을 경멸했을 것이다. 예를 들어 제3막에 나오는 햄릿과 폴로니우스 간의 대화

장면은 그런 면을 잘 드러내준다. 여기에서는 오히려 햄릿이 노인네를 경멸하는 분위기이다. 그리고 이 사건은 우리의 추측이 맞았음을 입증해 준다. 잠깐 그 대목을 인용해 보자.

폴로니우스: 왕자님, 왕비마마께서 당장 하실 말씀이 있다 하십니다.

햄릿: 저기 저, 낙타를 닮은 구름이 보이는가?

폴로니우스: 어쩜, 진짜 낙타처럼 보이는뎁쇼.

햄릿: 가만 보니 족제비를 닮았구나.

폴로니우스: 족제비라 해도 아무도 모르겠군요.

햄릿: 아니, 고래를 닮지 않았는가?

폴로니우스: 고래를 빼다 박았는뎁쇼.

햄릿: 그럼, 곧장 어머니를 뵈러 갈 것이다.

왕자의 비위를 맞추어야 하는 궁정 대신이자 정신 상태가 혼란스러운 철없는 소년의 변덕을 거스르지 않으려는 어른으로서 폴로니우스의 두 모습이 명백히 드러나지 않는가? 물론 폴로니우스는 햄릿의 이런 언행을 대수로이 여겨 그냥 지나쳐버리지 않는다. 이런 그의 자세는 옳다. 하지만 햄릿을 제대로 꿰뚫어 보지는 못한다. 그는 햄릿의 무분별한 생각들을 오필리아와 사랑에 빠졌기 때문으로 오해한다. 하지만 다른 측면에서 폴로니우스는 햄릿의 성격을 꽤 정확히 헤아린다. 대체로 햄릿은 사람들에게 아무짝에도 쓸모없는 존재이다. 그에게서 얻을 것이 전혀 없기 때문이다. 햄릿은 사람들을 어디로도 이끌지 못한다. 그 자신이 길을 잃었기 때문이다. 자신의 존재 자체가 흔들리는 사람이 타인을 어떻게 이끌겠는가? 게다가 햄릿은 일반 백성들을 혐오한다. 자기 자신을 존중하지 않는 사람이 어찌 누군가를 떠받들 수 있겠는가? 그런 사람에게 대중이 무슨 가치를 두겠는가? 이런 말들은 논할 가치도 없는 일 아닌가? 게다가 햄릿이 귀족의 권리를 갖고 태어나기는 했지만 그의 천성까지 귀족이라 할 수 있을까?

하지만 산초 판사는 다른 유형의 인물이다. 그는 돈키호테를 미치광이라며 비웃는다. 그런데도 산초 판사는 이 미치광이를 수행하기 위해 모든 고난을 견디며 죽을 때까지 그에게 헌신하기 위해 가정과 아내와 딸을 버린다. 그는 돈키호테를 신뢰한다. 그리고 돈키호테를 무척 자랑스럽게 여기기까지 한다. 산초 판사는 자기 주인이 숨을 거두는 순간에도 무릎을 꿇고

침상 곁을 지키며 감정에 북받쳐 운다. 산초 판사가 무언가 보상을 바랐다면 이런 헌신과 열성이 가능했을까?

산초 판사라는 인물은 무언가에 현혹되기에는 너무도 상식적이다. 일상적인 불편과 이따금 몰매를 맞는 일 말고는 그에게 돌아올 보상이 없을 것이라는 사실을 그는 너무도 잘 알고 있다. 그의 애착의 근원이 어디에 있는지 좀 더 깊이 따져보아야 한다. 원인은 맹목적으로, 충심으로 추종하는 대중의 특별한 경향(안타깝게도 그들은 부정적인 감정 요인에도 익숙하지만)에 있다. 그러한 경향성은 열광할 줄 아는 대중의 능력과 사사로

《돈키호테 이야기》런던 블런트 출판사 판의 속표지 판화, 1620

운 이익을 무시하는 능력에서 나온다. 가난한 이들은 딱딱한 빵 껍질을 내던지듯이 사사로운 이익을 내던질 줄 안다.

이는 대중의 보편적이고도 역사적인 행위이다! 대체로 그들은 경멸하며 돌을 던지거나 여타의 방식으로 괴롭혀오던 사람들을 완벽히 신뢰하며 추종하게 된다. 하지만 그 대열의 선봉에 선 사람은 남들이 어떤 반응을 보이든 아랑곳하지 않고 자기 내면에 자리 잡은 환영에 의지해서 저 멀리 어렴풋한 지점에 시선을 고정한 채 우여곡절을 겪으면서도 의연히 앞으로 나아가 마침내 목표에 도달한다. 사실상 마음의 명령에 따라 추동하는 사람만이 자신의 목적지에 도달할 수 있다. 보브나크(Vovenaque)는 "위대한 생각은 마음으로부터 우러나온다"고 말했다. 하지만 햄릿 같은 부류의 사람들은 아무것도 발견하지 못하고 아무것도 창조하지 못하며, 자기 개성의 흔적들 말고는 아무런 자취도 남기지 않는다. 요컨대 지속적으로 영향력을 지니는 어떤 흔적도 남기지 않는다. 그들은 사랑하거나 믿지 않는다. 그러니 무엇을 발견할 수 있을 것인가? 자연의 유기체들은 말할 것도 없고 심지어 화학에서도 두 성분이 제3의 무언가를 생성하려면 서로 결합해야 한다. 하지만 햄릿들

둘시네아와 오필리아

은 오로지 자기 자신에 대한 걱정에 휩싸인 채 영원히 혼자이
고 따라서 아무것도 생산하지 못한다.

　혹자는 이렇게 되물을지 모른다. "오필리아가 있지 않은가?
햄릿은 그녀를 사랑하지 않았는가?" 그렇다면 오필리아에 관
해 이야기해 보자. 그리고 내친김에 돈키호테의 둘시네아에
대해서도 논해 보자. 이 두 유형의 인물이 여성을 대하는 태도
역시 중요하다. 돈키호테는 존재하지도 않는 상상 속 여성인
둘시네아를 사랑하며 그녀를 위해서라면 목숨이라도 내놓을

각오를 한다. 결투에서 승리한 상대가 칼을 빼 든 채 곁에 서 있는 상황에서 돈키호테가 했던 말을 떠올려보자. "기사여! 나를 찌르라. 하지만 처량한 내 모습이 둘시네아의 명성과 영예에 누가 되지 않도록 해달라. 그녀야말로 내게는 여전히 세상에서 가장 완벽한 아름다움을 지닌 여인인 까닭이다."

돈키호테는 상상 속에서 순결한 사랑을 한다. 상상에 푹 빠져 있다 보니 열정의 대상이 실존하지 않는다는 사실을 깨닫지 못한다. 또 너무도 순결한 사랑을 하다 보니 음탕하고 추잡한 농부의 딸이 둘시네아라며 자기 앞에 모습을 드러내자 돈키호테는 자기 눈을 의심하며 둘시네아가 사악한 마법사의 주술에 걸려 모습이 바뀌었다고 생각한다.

나 역시도 내 삶의 여정 속에서 실재하지 않는 둘시네아들을 위해, 혹은 어떤 상스럽고 혐오스러운 대상을 위해 자기 삶을 저버리는 사람들을 여럿 만나왔다. 이 사람들에게 그 대상들은 자기 이상의 화신이었으며 그 대상들의 변모 역시 사악한 우연과 환경과 사람, 즉 내가 사악한 세력이라고 말하고 싶은 그런 요인 탓이었다. 나는 지금까지 이런 상황들을 증언해

왔다. 돈키호테와 같은 유형의 인간들이 세상에서 사라진다면 우리는 역사책을 덮어야 할 것이며 그때 우리에게는 더 이상 읽을 만한 가치가 있는 것들이 남아 있지 않을 것이다.

돈키호테에게는 그 어떠한 악의도 없다. 그의 모든 생각은 겸손하고 순진무구하다. 사실상 그는 마음속 깊은 곳에서 둘시네아와 언젠가 하나가 될 것이라는 기대를 크게 하고 있지 않다. 아니 실은 그런 만남 자체를 돈키호테는 두려워한다!

이제 햄릿을 살펴보자. 그는 정말 사랑할 수 없는 존재인가? 인간 영혼에 대한 가장 심오한 비평가라 할 햄릿의 역설적인 창조주가 이 이기주의자, 이 회의론자에게 사랑할 힘을 실제로 부여할 생각을 했다는 게 가능할까? 제 살을 갉아먹는 자기분석이라는 독약을 그의 몸에서 뽑아낼 자 누구란 말인가? 셰익스피어는 이런 식으로 자가당착에 빠지지 않았다. 그리고 현명한 독자라면 관능적이고 심지어 방탕하기까지 한 햄릿이 사랑하지 않고 그저 사랑하는 체했다는 그리고 그나마도 헛된 일이었다는 사실을 쉽사리 확인할 수 있다. 햄릿이 여자들에게 싫증이 났다고 말하자 궁정 대신 로젠크란츠가 빙긋이 미소 짓는 대목은 그래서 주목할 가치가 있다. 셰익스피어 스스로 사랑과 관련한 자신의 운명을 이미 입증하고 있다. 제3막 제1장에서 햄릿은 오필리아에게 이렇게 선언한다.

햄릿: 한때는 그대를 사랑했느니라.
오필리아: 오, 나의 왕자님, 그렇게 믿도록 만든 건 왕자님이십니다.
햄릿: 그대는 나를 믿지 말았어야 했다. 그대를 사랑하지 않았으니까.

햄릿의 입에서 마지막 말이 떨어졌을 때 그는 그 어느 때보다도 진실에 훨씬 더 가까이 다가서 있다. 고결하고 성스럽기까지 한 오필리아에 대한 햄릿의 감정은 냉소적이거나(나는 쥐덫 장면에서 햄릿이 오필리아의 무릎을 베고 눕게 해달라고 청하는 대목이 미심쩍게도 그런 면을 암시한다고 생각한다) 과장되어(햄릿이 오필리아의 오빠 레어티스와 함께 나오는 장면에서 오필리아의 무덤에 뛰어든 햄릿이 이런 진부한 말을 내뱉는다. "4만 명의 오빠가 있어 그들의 사랑을 모두 합친다 한들 내 사랑의 크기에 비할쏘냐. 그들에게 우리 무덤에 태산만 한 흙을 가져다 쏟아부으라 해라!") 있다.

햄릿이 오필리아와 맺은 모든 관계는 그가 그 자신에 몰두해 있는 한 형식에 불과하다. 햄릿은 이렇게 소리친다.

정령이시어, 그대의 기도 속에
내 모든 죄가 기억되기를.

여기서 다시금 햄릿의 무력함, 나약함, 그리고 사랑할 수 없는 자신의 처지에 대한 깊은 자각만이 울려 퍼진다. 햄릿은 오필리아의 고결한 정조 앞에서 압도당한다.

하지만 햄릿과 같은 유형의 인물이 갖는 어두운 측면에 더 이상 집착하지 말기로 하자. 그런 측면들은 너무 쉽사리 파악되는 까닭에 오히려 논쟁을 불러일으킨다. 이제 햄릿에게서 발견할 수 있는 긍정적 요소들, 인정할 만한 요소들을 살펴보기로 하자. 햄릿 안에는 부정(否定)의 신념이 구현되어 있다. 이는 또 다른 위대한 시인이 메피스토펠레스(Mephistopheles)라는 등장인물로부터 모든 순수 인간적인 면을 박탈하면서 묘사했던 것과 같은 신념이다. 햄릿은 메피스토펠레스의 대척점에 있는 동시에 인간적 개성의 영역에 존재한다. 따라서 햄릿의 부정의 신념은 메피스토펠레스의 신념처럼 사악한 힘이 아니라 악에 맞서 겨냥되어 있다. 햄릿의 부정 정신은 선에 대해서는 회의적이지만 악의 실존에 대해서는 명명백백한 확신에 차 있다. 그래서 그는 악에 끊임없이 맞서 싸운다. 어떤 식으로든 햄릿은 선을 불신하며 그 선에 담긴 진실의 진정성에 의구심을 갖는다. 햄릿이 선을 공격할 때는 그 선이 속임수라고 추정하기 때문이며 그 가면 아래 자신의 숙적인 악과 가식이 숨어 있다고 보기 때문이다.

햄릿은 메피스토펠레스처럼 마귀가 들린 듯한 싸늘한 웃음을 짓지 않는다. 햄릿의 쓰디쓴 미소는 자신의 고통을 무심코 드러내는 애처로운 슬픔으로 물들어 있다. 이러한 사실로 인해 우리는 햄릿을 받아들일 수 있다. 그의 회의는 그 안에 무심함이란 요소를 담고 있다. 따라서 그 안에는 그라는 인물의 가치와 의미가 담겨 있다. 선과 악, 진실과 거짓, 아름다움과 혐오스러움은 어떤 뜻밖의 침묵이나 흐리멍덩한 막연함과 뒤섞이지 않는다. 햄릿의 회의는 거짓과 허위와 끊임없이 맞붙어 싸운다. 따라서 지금 당장, 혹은 언젠가 진실이 눈앞에 드러날 가능성을 믿지 못하는 가운데 햄릿은 그 스스로도 완벽히 받아들이지 못하는 진실의 최상의 대변자가 된다.

　하지만 불 속에 파괴적인 힘이 도사리고 있듯이 바로 그 부정의 정신에도 파괴적인 힘이 내재해 있다. 그 누가 이 힘을 정해진 한계 내에 붙잡아둘 수 있을 것인가? 아니면 그 힘이 파괴하려는 것과 사람들이 보호하려는 것 간에는 불가분의 관계에 있는 경우가 너무도 흔한데, 그럴 경우 그 힘이 마땅히 멈출 곳은 어디라고 그 누가 말할 수 있을 것인가? 바로 이것이 우리가 인간 삶의 비극적 측면을 자주 깨닫는 지점이다. 생각이 행동을 앞서는 곳에는 언제나 사고와 의지 사이의 단절이 존재한다. 그리고 그 간극은 시간이 갈수록 점점 더 멀어지는 경향이 있다. 셰익스피어가 햄릿의 입을 빌려 말했던 것처럼,

　그리하여 결단의 본래 색깔은
　햇쑥한 빛의 생각에 물들어 창백해진다.

　이 때문에 한편에는 사색적이고 주도면밀하고 흔히 모든 것을 꿰뚫고 있는 동시에 무력하고 무위에 빠진 햄릿들이 있는 반면에 다른 한편에는 오로지 한 가지 것, 즉 십중팔구 그들이

상상하는 형태로는 존재하지조차 않는 것만을 보고 알기 때문에 바로 그 이유 하나로 인간을 도와 앞으로 나아가도록 재촉하는 반쯤 미친 돈키호테들이 존재하는 것일까? 이쯤에서 불가피하게 이런 의문이 하나 떠오른다. 사람들이 진실 같은 무언가가 존재한다고 믿기 위해서는 정말로 미쳐야 할까? 아니면 정신은 스스로를 통제하는 순간 자신이 갖고 있던 모든 힘을 잃고 마는 것일까?

피상적으로나마 이러한 문제들에 해답을 구하려는 것은 쓸데없는 일이다. 그저 이러한 이분법, 앞서 언급한 이중성 속에서 모든 인간의 삶에 기본적인 법칙을 깨달아야 한다는 사실을 말해두는 것으로 충분하다. 인간의 삶은 영원히 밀고 당기는 두 힘, 끈질기게 적대하는 두 힘이 영원히 화해하는 현실 속에 존재한다.

혹시 내가 무언가 철학적인 정의를 내린다 해도 독자들이 그것에 크게 구애받지 않는다면 나는 감히 이렇게 말하고 싶다. 모든 생명체는 자신이 온 세상의 중심이고 여타의 것들은 모두 오로지 자기 자신을 위해 창조되기라도 한 듯 행동하는 본성을 갖고 있으며 햄릿들은 바로 그 본성의 역학 속에 존재하는 경향성을 표현한다. 따라서 알렉산더대왕의 이마에 내려앉은 깔따구는 자신에게 피를 빨 권리가 있다는 자기 확신에 빠져 대왕의 피를 포식했다. 햄릿 역시 자기 자신을 경멸하면서도(이는 햄릿과 비슷한 지능을 가진 생명체로 진화하지 못한 깔따구로서는 생각도 못할 태도이다) 자신을 창조물의 중심으로 보고 여타의 우주 만물은 자신에게 수렴하는 존재로 여긴다.

이러한 경향성이 없다면, 다시 말해 자기중심적인 힘이 없다면 자연계는 기능할 수 없다. 이는 자연계가 선천적으로 갖는 또 다른 강력한 힘, 즉 이타적인 경향성이 없을 때 기능할 수 없는 것과 마찬가지이다. 자연계의 만물은 이 이타심의 법칙에 따라 오로지 타자를 위해 존재한다. 이러한 원칙, 즉 헌신과 자기희생을 향한 욕구는 이 세상의 돈키호테들에 의해 익살스러운 형태로 상징화된다. 부동(不動)과 운동, 퇴영과 진보라는 두 힘은 세상 만물의 근본적인 지렛대이다. 우리는 참으로 하잘것없는 한 송이 꽃이 개화하는 과정에서 이를 함축적으로 볼 수 있다. 두 힘은 진화의 비밀을 풀 열쇠이며 가장 왕성한 활동력을 보인 인류가 진화해 온 과정에 대해 통찰력을 제공

하는 열쇠이다. 하지만 그러한 추측들은 더 이상 논하지 말기로 하자. 어쨌든 우리가 다루고 있는 주제를 벗어나 있기 때문이다.

모두가 알다시피 《햄릿》은 셰익스피어의 작품 가운데서도 가장 인기 있는 작품으로 간주한다. 이 비극은 공연될 때마다 항상 만석을 이루는 걸작이다. 그러한 현상은 오늘날 자의식, 관조, 자기 회의라는 경향성이 만연해 있는 상황에 비추어 볼 때 이해할 만하다. 하지만 근대정신의 가장 놀라운 산물일 수도 있는 이 작품 전편에 넘쳐흐르는 섬세함과 정교함은 둘째 치더라도, 얼마간 자신이 창조한 햄릿의 원형이라 할 작가의 지적 능력에는 감탄을 금할 길이 없다. 그리고 작가는 억제할 길 없는 창조적 재능으로 이러한 전형을 후세대들의 연구 과제로 남겨주었다.

이러한 전형을 창조한 정신은 사색적이고 분석적인 북부 지방 특유의 정신이다. 그것은 생각의 갈피를 잡지 못하는 음울한 정신으로 어떤 조화로움이나 남부 지방 특유의 윤택함을 결여한 정신이다. 그것은 윤곽이 뚜렷한 고전적 우아함과는

64

나는 햄릿일까 돈키호테일까

거리가 멀지만 바로 그 다양성과 기발함을 통해 보다 심오한 결과를 빚어낸다. 북부인들은 영혼의 심연으로부터 햄릿이라는 유형의 인간을 애써 발굴해 냄으로써 인간 삶의 다른 여러 측면과 마찬가지로 시적 영역에서도 인간 삶에 대한 완벽한 이해를 바탕으로 다른 지역 사람들보다 더 높은 금자탑을 쌓아왔다.

돈키호테라는 인물은 쾌활하고 낙천적이고 겸손하고 감성적인 남부 지방 사람들의 정신을 반영한다. 그들은 삶의 수수께끼들을 깊이 파고들지 않으며 삶의 밀물과 썰물에 대한 개념을 갖고 있지 않다. 아니면 돈키호테라는 인물은 삶의 고립된 현상 모두를 반영한다. 여기에서 나는 셰익스피어와 세르반테스를 비교하지 않을 수 없다. 적어도 두 사람이 어느 면에서 다르고 또 어떤 점에서 같은지 강조해 둘 필요가 있다는 생각이다.

어떻게 두 사람을 비교할 수 있다는 말인가? 혹자는 셰익스피어 같은 신에 비견될 만한 거장을 두고 그런 비교가 가당키나 한 일이냐고 나를 몰아세울지 모른다. 충분히 일리 있는 말이다. 하지만 그렇다고 세르반테스가 리어왕을 창조한 거인에 견주어볼 때 난쟁이에 불과하다 할 수는 없다. 그는 왜소증 환자가 아니라 정상적으로 성장한 사람으로 신격화된 인간 앞에서도 곧추서 있을 만한 특권을 가진 인간이다. 그러나 넘쳐흐르는 강력한 상상력에 능수능란한 시적 재능과 비길 데 없는 지적 능력으로 빛나는 셰익스피어가 세르반테스에 견주어 거인인 것은 의심할 여지가 없다. 또 그와 견줄 수 없는 인물인 것 또한 사실이다. 하지만 이 점에 주목할 필요가 있다. 여러분은 세르반테스의 소설에서 억지스러운 해학이나 가짜 예증 혹은 과장된 대화들을 찾지 못할 것이다. 또 그의 작품들에서는 중세의 야만적인 유산인 참수, 눈알 뽑기, 피로 물든 강, 의도적인 잔학 행위 역시 만나볼 수 없다. 이 같은 유산은 북부 지방 사람들의 융통성 없는 천성으로 인해 완전히 사라지는 데 꽤 오랜 시간이 걸렸다. 또한 셰익스피어와 마찬가지로 세르반테스도 성 바돌로매 축제일의 대학살(St. Bartholomew's Eve)[05]이 일어난 시대에 살았음을 되새겨둘 필요가 있다. 그리고 대학살 이후에도 오랜 세월 화형당한 이단자들의 피가 세상을 적셨다(그 유혈이 언제 멈출지 그 누가 알겠는가?).《돈키호테》에서 중세는 고루한 시의 가면을 쓴 채 세르반테스가 무척 유쾌하게 조롱했던 모험담들 속 경쾌한 묘사를 통해 표현된다. 세르반테스는 훗날, 이 모험담들에 더해《페르실레스와 시히스문다(Persiles and Sigismunda)》라는 중세 기사도적 모험담을 선보인다.

　셰익스피어는 하늘과 지상에 존재하는 모든 것에 이야기를 착안한다. 그는 그 무엇도 거부하지 않으며 그 무엇도 그의 날카로운 시선을 벗어나지 못한다. 그는 먹잇감을 찾는 한 마리 독수리처럼 하늘 높이 날아올라 그 누구도 대적할 수 없는 자세로 세상을 훑어보며 자기에게 필요한 주제를 뽑아낸다. 반면에 세르반테스는 자기 주변의 소재를 자신에게 매우 익숙한 곳을 배경으로 해서 아버지가 자식에게 들려주듯 독자에게 등장인물들을 다정하고 차분하게 묘사한다. 그 영국 시인이 보여주는 불굴의 정신 앞에 모든 인간적인 것이 굴복하는 반면에 세르반테스의 풍성함은 오로지 그의 가슴으로부터 나온다. 세르반테스의 가슴은 따스하고 온화하며 경험으로 인해 풍부하지만 딱딱하게 굳지 않았다. 세르반테스는 7년이라는 긴 세월 동안 감옥에 갇혀 지냈지만 그 시간은 헛되지 않았다. 본인이 밝혔듯이 이 기간에 그는 인내심을 키웠다. 그의 지식 범위는 셰익스피어의 지식 범위보다 좁다. 하지만 그 범위 내에 인간 본성에 공통적인 모든 것이 반영되었다. 세르반테스는 화려한 관용어법으로 우리를 눈 부시게 하지 않는다. 그는 강렬한 열정의 불빛으로 우리를 실신시키지 않는다. 그의 시는 셰익스피어의 시와 전혀 흡사하지 않다. 세르반테스의 시는 때때로 격동의 바다이지만 이야기가 진행되는 내내 차라리 굽이치며 흐르는 깊은 평온이라 할 수 있다. 따라서 그 반투명의 물에 이끌리고 둘러싸인 독자들은 기꺼이 그 흐름에 몸을 내맡기고는 진정 서사적인 시의 매력을 즐긴다.

이 동시대의 두 시인이 정확히 같은 날인 1616년 4월 23일 세상을 떴다는 사실에서 우리는 한 차원 더 나아간 상징성을 본다. 세르반테스는 아마도 '셰익스피어'란 사람이 존재했다는 사실 자체를 몰랐을 가능성이 크다. 하지만 비극작가는 자기 생의 마지막 3년 동안 당시에 이미 출간되어 있던 유명한 소설의 영어판을 스트랫퍼드에 있는 자기 집에 호젓이 틀어박혀 읽었을 게 틀림없다. 《돈키호테》를 읽고 있는 셰익스피어, 이는 한 예술가이자 철학자가 소재로 삼을 만한 가치가 있는 광경이었을 터다. 우리에게 그런 인물, 그들 동포의 스승이자 뒤

따르는 세대의 스승을 베풀어준 나라는 복이 있나니! 천재의 머리 위에 씌워진 시들지 않는 월계관이 그의 조국을 장식할 것이기 때문이다.

 끝으로 간간이 내가 관찰해 온 몇 가지 내용을 이 짧은 글에 덧붙이고 싶다. 이 분야에서 전문가인 한 영국 귀족이 언젠가 나를 만나서는 돈키호테가 완벽한 신사라고 말한 적이 있다. 실제로 돈키호테는 그런 사람으로 불릴 만하다. 만일 신사의 기준이 우직하고 지나치게 호들갑스럽지 않은 행동거지에 있다면 돈키호테는 신사라고 불릴 자격이 충분하다. 그가 진짜 이달고이기도 하거니와 대공의 장난기 많은 시종들이 그의 면상을 과도하다 싶을 정도로 후려갈길 때도 그의 자세에는 흔들림이 없다. 돈키호테의 우직한 행동거지는 우월감이 아닌 그의 이타심에 기인한다고 말하는 것이 적절할지 모른다. 돈키호테는 언제나 편견에 사로잡혀 있지 않으며 타인만큼이나 자기 자신을 존중하기 때문에 남을 얕잡아 보는 행동을 할 생각이 전혀 없다. 하지만 햄릿의 정중한 예의 속에는 프랑스 식으로 표현하자면 '벼락부자 같은 태도'가 숨어 있는 듯 보인다. 말하자면 햄릿의 행동에는 과시와 비웃음이 자리 잡고 있다. 햄릿은 자신의 결점을 메우기 위해 기이할 정도로 열정적인 감정 표출에 선천적으로 능하다. 그러한 감정 표출은 사색적이고 정력적인 개성의 인물만이 보여줄 수 있는 것으로 돈키호테 같은 인물에게서는 결코 용납될 수 없는 성향이다. 학교 교육에서 보여준 다재다능함(햄릿이 비텐베르크 대학에서 수학했다는 사실을 잊어서는 안 된다)과 함께 햄릿의 심도 있고 예리한 분석력은 그의 내면에 보기 드문 감식력을 빚어냈다. 그는 훌륭한 비평가이다. 배우들에게 해주는 햄릿의 조언은 놀라울 정도로 적절하고 사려 깊다. 돈키호테에게서 어떤 사명감이 눈에 띄듯이 햄릿에게서는 미의식이 두드러진다.

돈키호테는 스스로 거리낌이 없는 동시에 타인의 자유도 소중히 여기면서 기존의 모든 관습, 종교, 군주, 대공을 존중한다. 반면에 햄릿은 왕과 대신들을 질책하지만 그 자신도 심한 편견에 사로잡혀 있고 무도하기까지 하다.

돈키호테는 문맹에 가깝지만 햄릿은 하루도 빠짐없이 일기를 썼을 가능성이 크다. 돈키호테는 비록 무식하지만 공무와 행정에 대해 확고한 견해를 갖고 있다. 반면에 햄릿은 그런 일

나는 햄릿일까 돈키호테일까

에 짬을 낼 수도 없고 손을 댈 생각도 없다.

사람들은 세르반테스가 돈키호테를 동네북 신세로 전락시켰다며 혹독하게 비판해 왔다. 하지만 나는 그 소설 후편에서 돈키호테가 결코 그런 대접을 받지 않았다는 점에 이미 주목한 바 있다. 한 가지 덧붙이고 싶은 말은 만일 그러한 수난들이 없었다면 돈키호테의 모험담을 곧이곧대로 받아들이는 아이들이 돈키호테에 호감을 느끼지 못했을 것이고 우리 어른들조차도 돈키호테가 모든 고초를 피했다면 그의 진면목을 제대로 깨닫지 못하고 그를 냉담한 인물로, 무언가 거리감이 느껴지는 인물로 여기고 말았을 것이라는 점이다. 이는 그의 본성을 제대로 파악하지 못한 것이다.

나는 후편에서는 더 이상 돈키호테가 육체적으로 수난을 겪지 않는다고 거듭 밝혀왔다. 예외가 있다면 돈키호테가 '하얀 달의 기사'를 자처하는 변장한 학사와의 싸움에서 완패하고 기사 작위를 내던진 뒤 죽음을 눈앞에 둔 시점에서 돼지 떼의 공격을 받아 짓밟히는 상황 정도이다. 이를 두고 세르반테스가 전편의 익살을 그대로 답습했다는 비난을 들었다는 이야기를 언젠가 들은 적이 있다. 하지만 여기서도 역시 시인의 천재적 직감이 작용했다는 사실을 기억할 필요가 있다. 이 지저분한 에피소드에는 심오한 의미가 담겨 있다. 세상의 돈키호테들은 언제나 돼지들에게 짓밟히는 상황을 겪을 수밖에 없다. 그리고 그런 일은 생의 막바지에 일어나야 한다. 이는 그들이 운명에, 인간의 무관심과 오해에 대한 대가로 치러야 할 마지막 속죄이다. … 그들을 짓밟는 것은 바리새인들이다. 이제 그들은 죽을 준비가 되어 있다. 돈키호테들은 지옥의 불을 지나 영생을 얻는다. 그들을 받아들이기 위해 불멸의 문이 열린다.

햄릿은 때때로 무자비하다. 왕이 영국으로 파견한 두 궁정 대신에 대해 햄릿이 준비한 운명을 떠올려보라. 자신이 암살했던 폴로니우스에 대해 햄릿이 쏟아냈던 말들을 읽어보라. 이것은 최근에서야 우리 시야에서 사라진 중세의 또 다른 반영이다. 한편으로 우리는 돈키호테 안에서 반의식적으로 자신을 기만하는 경향을 볼 수밖에 없다. 이는 광신자의 상상에 언제나 따라붙는 경향성이다. 돈키호테가 몬테시노스의 동굴에서 목격했다며 들려주는 이야기는 명백히 그가 꾸며낸 이야기였으며 영악한 평민 산초 판사는 이를 이미 간파하고 있었다.

게다가 햄릿은 자기 앞에 장애물이 놓이면 사소한 일에도 낙담하며 투덜거린다. 반면에 갤리선 노예들에게 몸을 움직일 수 없을 만큼 흠씬 두들겨 맞은 돈키호테는 언젠가 자신이 승리하고야 말 것이라는 희망의 끈을 놓지 않는다. 마치 푸리에가 자신의 계획[06]에 필요한 1백만 프랑의 돈을 언론을 통해 모금하면서 수년 동안 한 영국인을 매일 찾아갔던 상황과 엇비슷하다. 쉽사리 예상할 수 있는 일이지만 푸리에는 그를 만날 수 없었다. 물론 이는 어리석은 일이다. 하지만 이 대목에서 고대인들은 통상 신을 시샘이 많으며 무언가 늘 요구하는 존재로 믿었지만 신들은 사람들이 곤경에 처하면 폴리크라테스가 반지를 바다에 내던져버렸듯이 자발적인 희생을 통해 이를 보상해 주었다는 사실이 떠오른다. 따라서 인간에게 무언가 신호를 보내는 데 열중하는 사람들의 행동이나 성격에서 내비치는 익살스러운 면모들이 실은 화가 난 신들을 달래기 위한 일종의 헌사라고 생각할 수도 있지 않을까? 이렇듯 웃음을 불러일으키는 별난 선구자들이 없다면 진보는 생각할 수도 없었을 것이며 그 경우 사색적인 햄릿들은 자신들이 철학적으로 논할 만한 것을 아무것도 갖지 못했을 것이다.

다시 말하지만 돈키호테들은 무언가를 창안하고 햄릿들은 창조된 것들을 활용한다. 혹자는 햄릿들이 모든 것을 의심하고 아무것도 믿지 못하는데 어떻게 무언가를 활용할 수 있느냐고 물을지 모른다. 내 대답은, 자연이 세상을 관장하는 방식은 매우 절묘해서 철저한 햄릿도 제대로 된 돈키호테도 허용하지 않는다는 것이다. 이들은 두 대척적인 경향의 극단적 표현에 불과하다. 삶은 이 두 극단의 어느 한쪽을 향해 움직이지만 그들 중 누구도 한쪽에 도달하지는 않는다. 모든 것을 검토하고 탐색하는 분석의 원칙이 《햄릿》에서 비극의 극단으로까지 뻗어 나갔던 것과 마찬가지로 《돈키호테》에서는 열정이 정반대 편에 있는 희극의 상황으로 몰려 들어갔다고 볼 수 있다. 현실 속에서 사람들이 순수한 희극이나 온전한 비극을 만나는 일은 극히 드물다.

우리는 햄릿에 대한 허레이쇼의 헌신 때문에 햄릿을 한층 더 우러러본다. 우리 주변에서 쉽게 마주칠 수 있는 허레이쇼 같은 유형의 인물은 우리의 위신을 돋보이게 한다. 허레이쇼 같은 인물 중에 우리의 지지자, 좀 더 극단적 용어를 쓰자면 신봉자가 있다. 허레이쇼는 단호하고 정도를 벗어나지 않는 성격을 갖고 있으며 조급하지만 논리는 부족한 인물이다. 허레이쇼는 자신의 약점을 속속들이 알고 있기 때문에 이런 부류의 사람들에게서는 보기 드물게 주제넘는 행동을 하지 않는다. 허레이쇼는 지식에 목말라해서 무언가 배우고자 하는 욕구가 높고 따라서 영악한 햄릿을 우상처럼 떠받든다. 허레이쇼는 자신에게 돌아올 보답을 불문하고 햄릿에게 열과 성을 다해 헌신한다. 허레이쇼는 왕자 햄릿이 아닌 선견지명을 가진 족장에게 하듯 햄릿의 명령에 복종한다. 햄릿 같은 유형의 인물들이 세상을 이롭게 하는 중대한 이유 중 하나는, 사색의 필요성을 기꺼이 받아들이고 그것을 영예로운 가슴속에서 키워 온 세상에 전파하는 허레이쇼 같은 사람들을 성숙하게 만드는 데 있지 않을까? 햄릿이 허레이쇼의 훌륭한 가치를 소중히 여기며 전하는 말들은 그 자신의 위엄을 더해준다. 그 말을 하는 가운데 햄릿은 인간에 관한 숭고한 개념을 밝히는데, 그 어떤 회의적인 적대감에도 흔들리지 않을 인간의 높은 가능성이 거기에 드러난다.

내 소중한 영혼이 주인이 되어 무언가를 선택하고
사람들을 분간하게 된 뒤로부터

내 영혼은 자네를 점찍어 두었네.
자네는 인생의 온갖 고초 속에서도 끄떡없고
행운의 여신이 시련을 주든 상을 주든
한결같이 감사한 마음으로 받아들이지 않았던가.
혈기와 분별력이 알맞게 뒤섞인 사람들은 복 많은 자들일세.
그런 자들은 운명의 여신이 듣고 싶은 소리만 내는
여신의 손가락에 놀아나는 피리가 아니지.
격정의 노예가 아닌 그런 사람을 내게 보내주게.
내 그이를 마음 깊은 곳에 갈무리해 두겠네.
자네처럼 내 마음 저 깊은 곳에 말이지.

　강직한 회의론자는 충직한 신봉자인 스토아철학자를 변함없이 존경한다. 고대의 약속이 와해되었을 때, 그리고 그와 비슷한 상황에 처했을 때 최상층의 사람들은 위기의 시기에 인간의 존엄을 유지할 유일한 수단으로 스토아철학을 피난처로 삼았다. 죽음을 정면으로 마주하는 데 무력했던, "그곳을 여행했던 자들 그 누구도 되돌아오지 못했던 미지의 나라"를 향하는 배에 탈 수 없었던 회의론자들은 에피쿠로스철학으로 되돌아갔다. 이러한 현상은 이미 잘 알려진 바대로 한심한 일이다.

나는 햄릿일까 돈키호테일까

햄릿과 돈키호테의 죽음은 둘 다 심금을 울린다. 게다가 대단원의 막을 내리는 순간에도 둘은 얼마나 대조적이었던가! 햄릿의 마지막 말은 인상적이다. 점점 말이 없어지던 햄릿은 운명에 자신을 맡기고 허레이쇼에게 작별 인사를 하며 죽음에 앞서, 왕

노르웨이의 왕자 포틴브라스

위 계승에 흠결이 없던 젊은 왕자 포틴브라스(Fortinbras)[07]에게 왕권을 이양한다. 하지만 그의 시선은 더 이상 정면을 향하지 못한다. 영원한 적막 속으로 빠져들 찰나에 있는 임종 직전의 회의론자는 말한다,

남은 것은 침묵이다.

한편 돈키호테의 죽음은 그 간결함으로 인해 사람의 영혼을 울린다. 모든 사람은 단번에 이 인물을 인정하고 깊이 존경한

다. 예전에 돈키호테의 시종이었던 사람이 돈키호테를 위호하기 위해 기사도의 모험을 즐길 여행 계획에 대해 말하자 숨이 넘어가기 직전에 있는 기사는 이렇게 대답한다.

아니. 이제 모든 게 끝났네.
모두에게 용서를 빌고 싶네.
난 이제 더 이상 돈키호테가 아닐세.
한때 내 별명이었던 알론소,
한낱 알론소 엘 부에노일 뿐이네.

이 작품은 빼어나다. 처음이자 마지막으로 이 별명을 언급하는 것만으로도 독자들에게 지워지지 않는 인상을 남긴다. 그렇다. 이 말 한마디 역시 죽음을 앞두고 중요한 의미를 갖는다. 모든 것은 스쳐 지나가고 모든 것은 흔적 없이 사라진다. 지위도 권력도 재능도. 모든 것은 먼지가 되어 흩어지고 만다.

세상의 모든 장엄함도
연기처럼 흩날려 사라진다.

하지만 선행은 연기 속에 소멸되지 않을 것이다. 선행은 가장 빛나는 아름다움보다 더 오래 지속된다.

사도가 말하노니
'모든 것은 스쳐 지나갈 뿐 오직 사랑만이 남느니라.'

더 이상 덧붙일 말은 없다. 내가 인간 정신의 두 기본 방향을 제시함으로써 여러분 내면에 어떤 생각을 불러일으켰다면 그

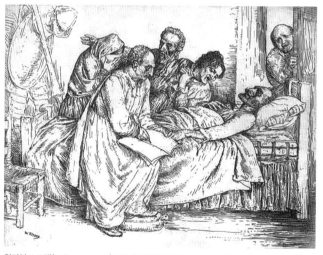

윌리엄 스트랭(William Strang), 〈돈키호테의 죽음(The Death of Don Quixote)〉, 1902

것만으로도 나는 행운아일 것이다. 그것이 내 생각과 다른 것이어도 상관없다. 만일 내가 애당초 세웠던 임무를 대략적으로나마 이루었다면, 그래서 여러분을 따분하게 하지 않았다면 다행으로 여기고 싶다.

3장

햄릿과 돈키호테의
이성과 광기

돈키호테와 햄릿에 드리워진 불멸의 상(像)은 다양한 시대의 사상가들을 들뜨게 했으며 오늘을 사는 사람들의 관심을 끌고 있다. 인문학자, 철학자, 심리학자 들은 두 상의 본질을 규명하고 둘을 비교하고 둘 간의 유사성과 차이점을 찾아 수많은 글을 써왔다. 언뜻 보기에 두 인물의 상은 서로 아무런 관련도 없어 보인다. 햄릿이 교육을 잘 받은 멋진 덴마크 왕자로 보이면 그만일까? 돈키호테가 운명처럼 스페인 오지에 내동댕이쳐진 채 터무니없는 내용의 싸구려 기사 의협 소설을 읽고서 정신이 나간 가난한 시골 귀족처럼 보이면 그만일까?

육체적으로 완벽한 햄릿 앞에서, 혹은 햄릿이 없어도 돈키호테의 외모는 한심한 만화 속 인물처럼 보인다. 하지만 이는 어디까지나 언뜻 보기에 그렇다. 살아 있는 철학, 즉 도덕적 믿음과 행위에 비추어 볼 때 두 인물은 서로 양극단을 달리는 쌍둥이 형제, 역사적 동시대의 자식처럼 보인다. 여기에서 역사적 동시대란 흔히 '르네상스의 위기'로 여겨지는 후기 유럽 르네상스 시대를 말한다.

  이 시대적 유물의 본질은 햄릿과 돈키호테가 동일한 미학에 기반했다는 사실, 두 인물이 이상적인 운문, 현실적인 산문과는 대조적으로 예술에 대한 동일한 접근방식의 산물이라는 사실에 뿌리를 두고 있다. 이러한 모순은 광기를 묘사함으로써 명쾌하게 드러난다. 심중에 명예, 자유, 아름다움, 정의, 사랑의 이상을 품고 있는 사람은 실용주의적으로 편향된 사람들의 눈에는 미친 사람처럼 보인다. 르네상스는 중세의 무지와 금욕주의, 스콜라철학, 교회의 냉혹한 지배에 종말을 고하고 새로운 시대의 시작을 알린다. 이는 자유의지론, 인간의 힘에 대한 신뢰의 시작을 알리고 과학, 예술, 문화를 꽃피우는 신호탄이다. 이 시대의 인간은 새로운 자긍심을 얻는다. 르네상스 시대의 인간은 더 이상 신에게만 희망을 걸지 않는다. 그 시대의 인간은 무엇보다도 먼저 인간 자신에 의지한다. 돈키호테와 햄릿은 르네상스의 지고한 이상들을 품고 있는 인물이다. 하지만 삶의 현실적 조건들로 인해 그들은 그러한 이상들을 실제 삶 속에서 펼칠 수 없다. 두 사람은 이례적으로 특출한 인물이지만 자신들을 둘러싼 객관적인 환경들을 극복할 수 없다. 이런 상황으로 인해 두 사람은 오해받고 비정상적인 인물로 낙인찍힌 매우 비극적인 영웅이 된다.

돈키호테와 햄릿은 이 세상 악과의 전쟁을 선포한다. 햄릿은 활발하고 정직하지만 어떤 세력도 얻을 수 없기 때문에 불의에 대처할 수 없다. 영웅의 외로움은 궁극적으로 그의 비극을 강화한다. 거짓과 사악한 범죄에 맞서는 영웅 햄릿은 스스로 "고통의 바다"에 몸을 담그고 그것들을 끝장내고 싶어한다. 돈키호테는 삶 속에서 악과 맞서 싸우지만 생각 없이 행동하면서 무모하게도 자신의 목표를 이룰 수 있을 것이라 확신한다. 돈키호테와 햄릿은 사내다운 전사이다. 전자는 다른 사람들이 보기에 미친 사람이지만 후자는 확실히 광기에 사로잡혀 있다. 어쨌든 두 인물은 미친 상태로 불의와의 전쟁에 나선다. 둘 다 똑같이 "무모하다."

삶의 해악에 홀로 맞서는 행위는 미친 짓이 아닐까? "힘 있는 자들이 부정을 저지르고 모욕을 자랑으로 여기며 법을 동원해 탄압하고 힘으로 짓눌러 누군가를 파멸에 이르도록 하는" 등 삶의 해악은 용납할 수 없는 그 시대의 "추문이자 골칫거리"이다. 돈키호테와 햄릿은 주제넘게도 세상을 변화시켜 삶의 순수한 조화를 복원하고 상실된 도덕적 가치들을 회복함으로써 인간이 지구상에서 자신의 위대한 목적을 달성할 수 있도록 사심 없이 노력한다. 햄릿과 돈키호테의 광기에는 심오한 지혜가 담겨 있다. 햄릿이 미치광이처럼 무언가 말하는 것을 듣고 있던 폴로니아는 이렇게 말한다. "… 미친 게 분명한데 거기에 무언가 체계가 있다." 돈키호테가 사자에 덤벼든 사건이 있고 나서 돈 디에고 데 미란다(Don Diego de Miranda)[08]는 돈키호테가 하는 말이 하나같이 "이성의 잣대"로 측정 가능하다는 사실을 인정할 수밖에 없었다. 돈키호테의 미친 짓에는 일정한 체계가 있다. 체계란 언제나 일종의 이성이기 때문에 체계가 있는 곳에는 이성이 있다. 체계는 일정한 유형의 생활양식을 표현한다. 말하자면 그것은 삶과 사람에 대한 인간의 태도에 적용되는 일련의 기본원칙이다.

햄릿과 돈키호테에게는 이성과 광기 사이에 어떠한 경계선도 없다. 그리하여 셰익스피어와 세르반테스는 두 "광인"의 입을 통해 인간에게 최고의 교훈을 선사한다. 돈키호테와 햄릿은 악을 벌한다. 거기에는 어떤 복수심도 개입되어 있지 않다. 복수란 되갚는 방식으로 사람 간의 갈등을 해결하는 것이다. 복수는 개인적인 분노로 야기된다. 처벌은 사회 전체를 위해 시행된다. 처벌은 대체로 법에 제시된 일반적으로 용인된 도덕률에 기반한다. 햄릿은 복수하지 않고 처벌한다. 햄릿 개인은 피해자이다. 아버지는 살해당했고 자기에게 돌아올 왕위는 빼앗겼다. 하지만 이것이 햄릿을 움직인 계기는 아니다. 햄릿의 행동은 보다 깊은 무언가로부터 태어난다. 시간의 끈이 끊

긴 상태에서는 햄릿의 영혼이 안식에 이를 수 없다. 그는 "자신의 왜곡된 연결고리들을 제자리에 맞추어놓고" 싶어 한다. 햄릿은 클라우디우스와 여왕과 궁정 대신들에 복수하지 않는다. 햄릿은 객관적이고 진지한 판관이 되어 클라우디우스의 영혼을 간파하고자 하면서 아버지의 죽음을 둘러싼 모든 상황을 신중하게 파헤친다. 햄릿은 왕이 범인이자 왕위 찬탈자임을 밝히기 위해 미친 척하면서 떠돌이 배우들을 이용해 매우 미묘한 심리적 단서들을 수면 위로 떠올린다.

햄릿과 달리 돈키호테는 행위와 증거와 목격자들을 철저히 조사하지 않는다. 돈키호테는 자신이 입은 은혜를 알고 있으며 소박하고 고귀한 삶의 규칙들을 적재적소에 적용할 줄도 안다. 햄릿은 오필리아가 자신에게 아무런 잘못도 하지 않았기에 그녀에게 복수하지 않는다. 그러나 오필리아가 여성의 나약함을 자각하고 있다는 이유 하나로 그녀를 벌한다. 햄릿은 그런 나약함으로 인해 자신의 어머니가 범죄를 저질렀고 오필리아 역시 그 때문에 불가피하게 범죄를 저지를 것이라 생각한다. 햄릿은 자신에게 잘못을 저지른 사람들을 벌하는 게 아니라 자기 주변에 보이는 악을 벌한다. 햄릿은 보편적인 악을 처벌할 책무가 자신에게 있다고 생각하면서 인간과 진실과 아름다움에 맞서 저질러진 범죄를 모조리 응징할 시간이 자신에게 없음을 한탄한다.

돈키호테는 자신이 부정과 불행에 철퇴를 내리는 사람이라고 여러 차례 천명한다. 돈키호테는 실제로 말짱한 정신으로 온 힘을 다해 부정과 불행을 벌한다. 하지만 그는 복수를 처벌로 승화한다. 복수라는 것은 자신에게 직접적으로 가해진 위해와 관련이 없기 때문이다. 돈키호테는 말한다. "나는 라만차의 기사이니라. 내 이름은 돈키호테요, 내게 주어진 소명은 세상을 떠돌며 불의와 맞서 싸우고 불의를 벌하는 일이니라. … 내게 재주가 있다면 미천한 사람을 용서하고 오만한 사람을 벌하는 데 그 재주를 쓸 것이다."

돈키호테와 햄릿은 세상의 모든 처벌을 위한 도구이다. 두 사람 다 자신들 스스로가 그러한 무기임을 인식한다. 두 사람은 인간의 이성과 정의, 아름다움을 추구하고 실행하는 가운데 인간관계의 순수성과 고귀함에 목말라한다. 자유를 대하는 돈키호테의 자세를 보면 그가 휴머니즘이라는 개념과 매우 밀접히 연관되어 있음을 알 수 있다. 돈키호테에게 자유란 인간에게 가장 가치 있는 자산이다. 자유는 이 세상의 그 어떤 보물과도 비교할 수 없다. 자유를 위해서라면 모든 것을, 심지어 목숨까지도 희생해야 마땅하다. 돈키호테에 따르면 인간의 진정한 존귀함은 출생이 아닌 그 덕성에 있다. 인간은 타인보다 더 완벽한 무언가를 실행할 때만 그들보다 뛰어난 존재가 될 수 있다. 사람의 사회적 출신이 아닌 개인의 자질과 덕목이 사회 속에서 그가 자리할 위치를 결정해야 마땅하다.

피가 선천적이라면 덕성은 후천적이며 그 자체로 피보다 더 가치 있다.

햄릿은 한 나라의 왕자이지만 하층민들에게 신경을 쓰고 온정적이다. 하층민들에 대한 햄릿의 태도에는 그 어떠한 오만이나 우월감의 흔적도 없다. 햄릿이 가장 진심으로 대하고 신뢰하는 친구는 허레이쇼이다. 허레이쇼는 햄릿과 같은 시선으로 세상을 바라보지만 귀족 출신은 아니다. 셰익스피어와 세르반테스의 미학 속에서 광기가 가장 친밀한 인간적 가치를 표현하는 공간이라는 사실이 이런 세세한 내용들 하나하나에

3장 햄릿과 돈키호테의 이성과 광기

빅터 뮐러(Victor Müller), 〈햄릿과 허레이쇼(5막 2장)〉, 1870

나는 햄릿일까 돈키호테일까

도 드러난다. 게다가 광기는 시대를 앞서가는 한 인간을 묘사하는 데 멋진 수단으로 활용된다. 돈키호테와 햄릿은 자신들의 이상이 무너지는 참담함을 겪지만 두 사람 모두 세상의 악과 맞선 싸움에서 도덕적으로 승리한다. 그리고 자유로운 개인으로, 그들이 살아온 시대를 훨씬 앞서는 생각들을 품고 죽음을 맞이한다. 세르반테스와 셰익스피어의 등장인물들은 깊은 개념적, 도덕적 동류의식으로 얽혀 있다. 세르반테스와 셰익스피어의 이상은 근대성의 도덕적 언급이다. 그래서 우리는 돈키호테와 햄릿을 그들의 동시대인이자 스승이라고 여긴다. 돈키호테와 마찬가지로 햄릿은 덴마크에서 삶에 관한 많은 진실을 깨닫지만, 인간의 이상을 상징하는 아버지의 비통함은 그의 생각에 어두운 그림자를 드리운다.

이 얼마나 아름다운 얼굴인지 보라.
아폴로의 머리칼, 제우스의 사자,
마르스의 눈, 그 살아 있는 법이자 공포 ….

자신의 높은 도덕성과 지적인 힘, 르네상스 시대 사상가와 같은 인본주의적 시각으로 인해 왕자는 무모한 행동을 취하지 못한다.

나는 모든 것을 알고 싶다….

햄릿에게 아버지의 죽음과 어머니의 조급한 결혼과 같은 구체적인 사실들은 행동의 충분한 근거가 되지 못한다. 햄릿은 눈에 보이는 명명백백한 진실을 찾고자 한다. 동기를 찾고 스스로 판단해서 확신에 이르는 길을 찾고자 한다. 이런 의미에서 햄릿의 "미친 짓"은 간계의 속뜻을 떠보기 위한 수단으로, 스스로 필요하다고 느낀 것이다. 반면에 돈키호테의 광기는 심각한 심리적 붕괴의 결과이며 이로 인해 돈키호테는 기사가 되겠다는 매우 무분별한 생각을 하기에 이른다. 돈키호테는 자신을 기사와 동일시하며 햄릿은 정신적인 기사이자 교육을 통해 양육된 기사이다. 따라서 햄릿의 생각은 돈키호테의 생각 못지않게 중요하고 높은 가치를 지닌다.

험난한 명예와 영광의 길 위에서 돈키호테는 극단의 투지와 결단력, 그리고 낙관주의를 보여준다. 반면에 햄릿은 아버지의 유령 앞에 맹세했음에도 불구하고 주저하고 생각에 생각을 거듭하며 행동을 미룬다. 클라우디우스에게 복수를 할 것인지에 대한 선택을 보류한다. 사실이 그렇다고 해서 햄릿이 비겁한 것은 아니다. 그에게 굳이 비겁한 점이 있다면 르네상스의 영웅이라는 영예만큼은 제 것으로 챙겼다는 점이 아닐까. 내가 햄릿에 대한 일부 회의적인 평가를 받아들이지 않는 것도 이 때문이다. 나는 그가 이기적이고 믿음이 없다는 말을 받아들일 수 없다. 그가 자신에게 부과된 책임은 도외시한 채 오로지 자신이 처한 상황에 발목이 잡혀 있다는 비판을 수용할 수 없다.

돈키호테와 마찬가지로 햄릿 역시 자신의 행동을 분석하고 자책하고 무아지경에 빠지기도 하고 자신의 무위(無爲)를 경멸하기도 하느라 바쁘다. 하지만 무위는 좌절이 아니다. 자신의 나약함과 실수를 인정하는 것은 정신력의 한 표현이다. 햄릿의 고통은 돈키호테가 싸우면서 겪는 육체적 고통에 비해 더 강렬하고 더 괴롭고 더 잔혹하다. 햄릿의 수많은 독백, 그중에서도 특히 "사느냐 죽느냐, 그것이 문제로다"라는 독백은 그가 자신의 존엄을 지키기 위한 싸움에서 벗어나 배신과 위선과 거짓과 부도덕이 판치는 "재앙의 바다"와 싸울 필요를 느

존 에버렛 밀레이(John Everett Millais), 〈오필리아(Ophelia)〉, 1851~1852

끼고 있음을 보여준다.

돈키호테와 햄릿은 둘 다 자유를 궁극적 이상으로 여긴다. 돈키호테에게 자유란 "하늘이 인간에게 내린 매우 가치 있는 자산 가운데 하나"이다. 또한 햄릿에게는 인간 영혼의 자유야 말로 세상을 자유롭고 조화롭게 살아가기 위한 일종의 보증서 이다. 이들 두 영웅의 이상이야말로 지난 4세기 동안 그들이 인기를 누린 비결이다.

두 영웅의 여성 관계를 평가하는 것은 부당하고 신뢰할 수 없다. 돈키호테가 육욕을 탐하지 않는다는 데는 이론의 여지가 없다. 돈키호테가 사랑하는 대상은 이 세상에 존재하지 않는 이상적 여성 둘시네아이다. 하지만 오필리아에 대한 햄릿의 사랑에 대해서는 선입견이 작용하는 경향이 있다. 사람들은 햄릿의 대사에 일정한 표현이 함축되어 있다고 규정한다. 내 생각에 햄릿이 참으로 복잡한 것은 그 표현이 표면에서 이루어지지 않고 마음 깊숙한 내면에서 이루어지기 때문이다. 상처받은 오만한 영혼은 겉으로 드러내 과시하는 것을 좋아하지 않는다. 햄릿의 힘은 그 영혼이 들려주는 말이 합리적으로 들린다는 데 있다. 오필리아를 향한 햄릿의 사랑은 레어티스와의 결투 중 그가 한 말에서 그 진실이 드러난다.

나는 오필리아를 사랑했다.
4만 명의 오빠가 있어 그들의 사랑을 모두 합친다 한들
내 사랑의 크기에 비할쏘냐.

돈키호테와 햄릿은 애절하게 죽어간다. 두 사람은 자신의 목표를 달성하지는 못했지만, 정신적으로 패배한 것은 아니다. 돈키호테는 새로운 돈키호테인 산초를 뒤에 남기고 햄릿은 친

구 허레이쇼를 두고 삶을 마감한다. 햄릿은 신뢰하는 허레이
쇼에게 자신의 약속을 유언처럼 남긴다. 산초와 허레이쇼는
돈키호테와 햄릿의 생각을 후대에 전하고 인간애와 정의와 자
유를 생경하게 받아들이지 않는 모든 이의 가슴에 불을 지필
것이다.

해제

투르게네프가 고찰한
두 가지 불멸의 인간 유형

투르게네프는 꽤 오랫동안 햄릿주의와 돈키호테주의라는 주제를 가지고 비교 연구를 해볼 생각을 갖고 있었다. 예브게니 미하일로비치 페옥티스토프(Evgeny Mikhaylovich Feoktistov)에 따르면, 최초의 충동 중 하나는 1850년[09] 봄으로까지 거슬러 올라간다. 로트만(L. M. Lotman)은 심지어 저자가 〈쉬치그로프 군의 햄릿(Hamlet of the Shchigrovsky District)〉[10]이라는 짧은 이야기를 쓴 1848년[11]까지 거슬러 올라간다고 말한다. 이 단편은 《사냥꾼의 수기(A Sportsman's Sketches)》라는 제목의 단편집에 20번째로 실려 있다.

저자의 원래 목표는 문학 분석에서 중요한 동시대의 첨예한 이슈들에 대해 자신이 이해하고 있는 바를 제시하고 설명

이반 투르게네프, 〈쉬치그로프 군의 햄릿(Гамлет Щигровского уезда)〉, 1850년경

하는 것이었다. 이 연구는 저자가 시인 네크라소프(Nekrasov)
와 공동 운영하면서 정기적으로 투고를 해오던《동시대인(The
Contemporary)》이라는 잡지에 실릴 예정이었다. 이 글의 최종
본은 1860년 1월 10일 상트 페테르부르크에서 개최된 '궁핍
한 예술가·학자 구제 협회(the Society for the Aid of Needy Writers
and Scholars)'의 저녁 시 낭송회에서 처음 발표되었다.[12]

그런데 이 글의 편찬이 연기된 이유가 단지 저자의 건강 상
태 때문이었을까, 저자가 이 민감한 주제를 철저히 검토할 시

간이 좀 더 필요해서였을까, 아니면 이 글이 대중에게 전달될 수 있을 만큼 준비되고 성숙되기를 기다려서였을까. 우리는 그저 추측만 할 뿐이다. 그러나 사실 이 글은 러시아 사회 개혁[13]이 준비되던 시기에 집필되고 있었고, 혁명 기간에 완성되고 있었다. 가장 화제가 되는 질문들 중 하나는 당연히 혁명적 민주주의자들 자신들에 의해 강조되기까지 했던 것, 즉 국가의 필요한 변화를 달성할 수 있는 사회적 영웅의 문제였다. 투르게네프 역시 소극적인 회의론(懷疑論)과 대조되는 '새로운 인물'의 필요성을 느꼈다. 그래서 상반된 두 인물이 이 책의 토대를 이루었던 것이다.

투르게네프의 이 책은 셰익스피어의 비극과 세르반테스의 소설에 대한 역사문학적 분석이 전혀 아님을 강조하는 것이 중요하다. 러시아의 문학비평에서 덴마크 왕자 햄릿의 성격에 대한 관심이 1825년 12월 데카브리스트 봉기[14] 이후 급상승하면서, 이 비극을 러시아어로 처음 번역한 단행본이 1828년[15]에 출간되기에 이르렀다. 19세기 전반 러시아의 문학비평에서는 대부분 돈키호테보다 햄릿을 더 선호하는 경향이 있었다.

하지만 투르게네프는 이런저런 상념에 '잠식당하고', 의지의 부족으로 고통받고, 삶의 임무를 완수할 수 없는 '잉여 인간'의 유형에서 당대의 햄릿을 보았다. 투르게네프에게 햄릿은 이성과 의지가 서로 분리되어 있는 이기주의적인 인물로 비쳤으며, 그렇기 때문에 햄릿은 전혀 불필요하고 다른 사람들에게도 쓸모없는 존재이다. 그는 스스로 어디론가로 향하지 못하기 때문에 사람들을 어느 곳으로도 이끌지 못한다. 위에서 말한 바와 같이, 이러한 사람들로부터는 어떤 이득도 얻지 못하기 때문에 이러한 종류의 성격은 사회에서 쓸모없으며 필요하지도 않다. 설령 그들이 필요할지는 모르지만 국가 지도자는 될 수 없을 것이다. 다른 한편으로, 투르게네프는 햄릿의 양면성에서 합리성의 한 단편(斷片)을 찾으려고 한다. 그는 햄릿의 성격을 괴테의 《파우스트》에 나오는 메피스토(Mephisto)의 성격과 비교하기도 한다. 햄릿 유형에 대한 투르게네프의 해석이 지닌 목적은 사회적 허영심 그리고 회의론과 이기주의의 단점을 보여주는 것이었다.

세계문학 속 두 개의 독특한 유형에 대한 문제는 당시 러시아에서 매우 첨예한 것이었다. 투르게네프만이 이 문제에 관심을 가진 것은 아니었다. 그의 동시대 사람들 중 일부, 즉 니콜라이 체르니솁스키(Nikolay Chernyshevsky)나 니콜라이 도브롤류보프(Nikolai A. Dobrolyubov) 같은 작가는 투르게네프와 견해를 같이하지 않았다. 이처럼 햄릿과 돈키호테에 대한 개념이 무르익는 분위기가 러시아 전반에서 일었고, 이는 화제의 민감함을 감지하고 있던 투르게네프에게 소책자 발간을 연기하도록 이끌었을지도 모른다. 아마도 저자는 햄릿의 유형이 맹목적인 골목으로 향하고 있다는 사실을 알고 있었을 것이다. 그것이 작가가 소책자에서 돈키호테의 성격에 더 많은 공간을 할애한 이유일 것이다.

돈키호테는 햄릿과는 다른 사회적·윤리적 범주와 도덕적 자질을 구현했다. 이 책에서 돈키호테는 햄릿과 마찬가지로 회고와 전망, 과거와 미래를 통합하여 '시대와 상호 연결'을 시도한다. 돈키호테의 인도적인 유형을 정당화하기 위해 투르게네프는 당시까지 지속되어온 전통을 극복해야만 했다. (18세기와 19세기 초 러시아 독자에게 돈키호테는 아주 긍정적인 인물로서의 신뢰와 권위를 누리지 못했다. 그의 더딘 명예 회복은 겨우 19세기에야 이루어지기 시작했다. 비사리온 벨린스키(Vissarion G. Belinskii)가

해제 투르게네프가 고찰한 두 가지 불멸의 인간 유형

햄릿을 존경했기 때문에 돈키호테에 대한 그의 태도는 따뜻하지 않
다고 여겨질 수도 있다.) 그는 돈키호테가 현실과 괴리되어 있다
고 말했으며, 그 작품의 저자(세르반테스)는 "… 이상을 지향하
는 소설의 방향성에 결정타를 가해 현실을 지향하도록 만들었
다"[16]고 말했다.

왜냐하면 투르게네프에게 돈키호테는 새로운 사회 권력의
개인화였으며, 돈키호테가 소책자에서 보여진 방식이기도 하
기 때문이다. 작가는 주로 영원하고 되돌릴 수 없는 것에 대한
믿음, 희생을 요구하지만 도달할 수 있는 진리에 대한 믿음을
본다. 돈키호테는 이상에 헌신하고 그 이상을 위해 고통을 감
내할 수 있기 때문이다. 돈키호테에게 삶이란 이상에 도달하
고 온 세상에 정의를 세우는 수단이 될 수 있는 경우에만 소중
하기 때문에 자신의 삶조차 기꺼이 희생한다. 이 비판적인 소
책자의 저자는 돈키호테의 행동의 자유, 그의 정신이 가진 도
덕적 힘, 그의 성격과 본성이 지닌 성실함, 명확한 목표, 인내,
끈기와 의지를 강조하고 있다.

다른 한편으로, 투르게네프는 돈키호테를 공정하게 평가하

려고 한다. 돈키호테라는 인물의 부정적인 특징을 잊지 않고 언급하는 것도 그 이유에서다. 그는 주로 돈키호테의 초인적인 면과 주인공이 완수할 수 없는 과제들(악에 맞서 싸우는 것, 모든 적대적 세력에 대항하는 것, 억압받는 사람들을 지켜주는 것)을 계획하고 있다는 사실을 기술했다. 더구나 돈키호테의 특징(매부리코의 홀쭉하고 볼품없는 체구에다 우스꽝스러운 갑옷을 걸치고 깡마른 암말을 타고 있다)은 그의 겉모습과 대조적이다.

투르게네프는 이 글에서 세계문학의 두 가지 불멸의 유형에 대해 고찰한다. 그는 햄릿과 돈키호테가 인간의 개성이나 본성에 대한 두 개의 대조적인 특성을 우리에게 제공해 주고 있으며, 아마도 모든 사람은 이 유형 중 하나에 속할 수도 있고, 아니면 완벽하고 순수한 햄릿이나 돈키호테가 주변에 없기 때문에 이 두 유형이 서로 섞이거나 겹칠 수도 있다고 말한다(하지만 저자는 햄릿들이 더 많다고 말했다). 사람들은 모두 자신이 의심치 않는 어떤 원칙과 이상에 따라 살아가며, 또 그것을 믿는다.

투르게네프가 주장하듯이, 각 개인은 이러한 이상과 원칙을 진리와 아름다움과 선으로 인식한다. 인간의 이상은 자기 자신의 내부나 외부에 존재한다. 햄릿형 인간들은 자신의 이상을 내부에 숨기고, 다른 인간들, 즉 돈키호테형 인간들은 그 이상을 외부에 가지고 있다. 이는 돈키호테형 인간들이 자기희생을 주저하지 않는 반면에, 햄릿형 인간들은 이기주의적이라고 묘사할 수 있다는 것을 의미한다.

그렇다면 햄릿과 돈키호테라는 인물의 특징은 무엇인가? 투르게네프는 돈키호테를 자신의 이상에 헌신하고 하나의 목표를 향해 나아가는 사람으로 보는데, 그것은 돈키호테의 사고와 정신을 단조롭게 하지만 나쁘거나 악하게 만들지는 않는다. 그는 교육을 잘 받지는 못했지만, 그의 지혜는 자신의 삶이 부여받은 사명이 무엇이며 이 세상에 태어난 이유를 알고 있다. 돈키호테는 남을 위해 살고, 스스로를 희생하며, 진리와 정의를 갈망하고, 악에 맞서 싸우기를 바라며, 억압받는 사람들을 지키기 위해 억압자들과 투쟁한다. 그는 우스꽝스럽고 웃기기도 하며, 목표에 도달하기를 열망하고, 자신의 굳건한 믿음 덕분에 두려움을 알지 못한다. 그는 용감하고 자유로우며, 자신의 행위로 인해 벌어질 결과에 대해 생각하지 않는다. 또 그는 현실을 잘 알지 못하며, 자신의 육체적 힘이나 재능에 대해 전혀 의심하지 않고, 그저 이상화되고 존재조차 할 수 없는 한 가지 것만을 볼 수 있을 따름이다. 돈키호테는 창조자이며 사회적 인자(social factor)이자 투사이다. 그의 심리적 특징으로는 실천적 행위에 대한 욕망과 상황을 변화시키려는 욕구를 꼽을 수 있다. 하지만 이러한 행위에 대한 욕구는 낯선 현실과 충돌한다. 서글픈 기사는 위대하고 재미있는 동시에, 자신의 무한한 관용 때문에 종종 위험한 상황에 놓인 자신을 발견하기도 한다.

햄릿은 이와 다른 유형이다. 생김새가 아주 준수하고 교양 있으며, 취향도 고상하다. 하지만 그의 내면은 이기적이고 오만하며 천박할 뿐만 아니라 자신을 위해 살고, 자신을 위해서만 존재한다. 그는 아무것도 추구하지 않고 아무것도 창조하지 않으며 회의적이고 믿지 않으려 하고 항상 의심한다. 그는 자신의 좋은 면과 나쁜 면을 모두 알고 있기에 자만한다. 그러나 선과 악, 진리와 거짓이 내면에서 서로 싸우고 있기 때문에 내적인 고통을 겪는다. 햄릿의 성격 구조는 진정한 가치를 창조하기 위해 애쓰는 도덕적 양심의 전지전능함이 과다하다는 데 토대를 두고 있다. 이러한 가치 지향적인 양심 활동은 그를 과도하게 통제하기 때문에 실천적 행위에 대한 의지를 완전히 마비시킬 뿐만 아니라 모든 것을 심사숙고에 종속시켜놓기까지 한다.

투르게네프는 또한 이중성에 대해 이야기한다. 한편으로는 자기희생과 헌신의 원리가 자리 잡고 있으며(돈키호테의 원리: 존재하는 모든 것은 다른 것을 위해 존재한다), 다른 한편으로는 이기주의의 원리가 자리 잡고 있다는 것이다(햄릿의 원리: 인간은 모든 것의 중심에 서 있고, 모든 것은 오로지 인간만을 위해 존재한다). 한편으로, 햄릿들은 자기들의 의견에 대해 사려 깊고 다재다능하며 확고하지만, 그들은 쓸모가 없기도 하며 소극적이기 때문에 비난을 받는다. 반면에 반(半)미치광이인 돈키호테들은 오직 하나의 목표(흔히 존재하지 않는 것)를 보고 그것에 집착한다는 바로 그 사실 때문에 쓸모가 있으며 사물과 사람을 움직일 수 있다.

투르게네프는 이러한 모순 속에서 인간 본성의 기본 원리를 들여다본다. 인생은 끊임없이 다투는 이 두 개의 원리 사이에 벌어지는 끝없는 화해와 싸움일 뿐이며, 이는 이기주의와 헌신이 따로 존재할 수 없고, 오직 공존할 수 있을 뿐이라는 것을 의미한다. 모든 인류에 대해 말할 때, 이 두 개의 원칙은 조화를 만들어낸다. 이 글 전반의 내용은 두 인물의 조화를 꾀하고 선을 추구하는 경향으로 스며든다. (양면성: 햄릿이나 돈키호테 중 어느 유형도 좋거나 나쁘지는 않다.)

《햄릿과 돈키호테》는 두 영웅에 대한 호감과 비호감을 보여주려는 시도에 성공했으며, 비교 변증법(comparative dialectics)의 제시뿐만 아니라 문학적 현상의 유형학적 분석(typological analysis)까지도 시도했다는 것이 중요하다. 우리도 역시 투르게네프의 소책자가 '잉여 인간'과 창조적 '신인'의 개념을 다루고 있는 작품들의 등장인물들에 대한 논평이라고 해석한다. 그의 유형학은 등장인물을 통해 주어진 시대를 보여주는 것으로 간주할 수 있는데, 개개의 등장인물은 이 시대의 특정한 철학적·사회적 접근법을 보여주고 있다(러시아적 맥락에서, 개성과 행위에 대한 사회적 환경의 직접적인 영향으로서의 사회 결정론의 원리). 그리고 등장인물들은 사회적 과정에 대한 작가의 의중을 드러내기도 한다. 투르게네프는 당시의 사회 상황이 자신의 견해에 끼친 영향 아래서 자신의 사상과 이념을 표현하고 있는데, 그의 견해는 시대와 밀접하게 연관되어 있다. 작가의 견해가 발전하고 변화하는 모습은 산문과 예술적·인간적 유산의 독창적이고 독특한 장소를 만들어내는 투르게네프 소설의 성격 유형과 형태(예술적·구성적 접근법)의 전개에서 찾아볼 수 있다.

내 생각에, 이전의 세계문학작품들에 대한 동시대인의 시선은 때때로 당시 사정과의 밀접한 연관성뿐만 아니라, 시대를 초월한 함축과 연관성으로 우리를 놀라게 할 수 있다. 현재의 '포스트모더니즘적' 사상의 혼돈 그리고 안전함과 세태(feelings of safety and the way of the world)를 추구하는 것과 관련해서는 특히 그렇다. 아무튼 러시아문학의 일부 고전들에 대한 동시대인의 견해조차도 앞으로는 화제가 될 수 있을 것으로 보인다.

디타 뮐레로바(Dita Müllerová)

체코 흐라데츠 크랄로베 대학교(Univerzita Hradec Králové) 철학과 교수

두 비극적 영웅에 대한
소명과 변명

《햄릿》과 《돈키호테》는 두말할 필요 없는 불세출의 걸작이다. 워낙 사람들 입에 자주 오르내리다 보니 웬만하면 《햄릿》을 알고 《돈키호테》를 안다. 혹 작품 전편을 읽지 않았다 해도 그 줄거리 정도는 알고 있는 경우가 많다. 하지만 《햄릿》이나 《돈키호테》를 아는 것과 햄릿 혹은 돈키호테를 아는 것은 다른 문제다. 《햄릿》과 《돈키호테》가 회자되는 것은 대체로 그 작품에 등장하는 인물들 때문이다.

한때 '아침형 인간'이니 '저녁형 인간'이니 하는 말이 유행한 적이 있다. 또 사람들을 혈액형에 따라 구분하는 일은 우리에게 이미 너무도 익숙한 일이 되어버렸다. 하지만 사람을 어떤 유형으로 구분하는 데에는 위험이 따른다. 그것에는 어떤 시대적·사회적·과학적 필연이라는 것이 존재하지 않기 때문이다. 가령 '아침형 인간'이 출세할 확률이 높다는데 그 어떤 필연이 존재하는가? 그런 구분을 단순한 재미 정도로 치부하기에는 편견과 왜곡의 대가가 꽤 클 수도 있다. 사실 인간이라는 복잡한 동물을 몇몇 유형으로 구분한다는 것 자체가 어불성설일지도 모른다.

그렇다면 '햄릿형 인간'과 '돈키호테형 인간'은 어떤가? 두 인간 유형에 대해서는 대체로 '사색적이고 우유부단한 인간형', '앞뒤 재지 않고 좌충우돌하는 인간형'이란 딱지가 붙어 있다. 세상 사람을 이렇듯 두 유형으로 구분하는 것도 문제려니와 햄릿과 돈키호테가 오늘날에 와서 자신들에게 붙은 딱지를 과연 수긍할 수 있을 것인지도 의문이다. 이런 유형 구분에는 과연 어떤 근거가 있을까? 특히 돈키호테에 대한 오해는 심각하다. 누군가 사리에 맞지 않는 행동을 하거나 어릿광대처럼 우스꽝스러운 행동을 할라치면 우리는 아무런 고민 없이 그를 '돈키호테 같다'고 규정해 버리고 만다. 햄릿과 돈키호테가 자신들에게 붙은 이런 딱지를 억울해한다면 이 책《나는 햄릿일까 돈키호테일까》는 두 인물을 대신해서 그 억울함을 소명해 주는 내용이라 할 만하다.

저자는 책 첫머리에서 두 작품의 작가인 윌리엄 셰익스피어와 미겔 데 세르반테스가 같은 시대에 태어났음에 주목한다. 여기에는 햄릿과 돈키호테라는 전형적인 두 인물이 시대적 필연에 의해 태어났음을 시사하고자 하는 의도가 담겨 있다. 말하자면 삶에 대한 태도에서 양극단에 있는 햄릿과 돈키호테는 유럽이 르네상스 시대를 거쳐 근대로 들어서는 시점에서 필연적으로 등장할 수밖에 없는 인물의 전형이라는 것이다.

르네상스 시대의 인간은 더 이상 신에게만 희망을 걸지 않는다. 그 시대의 인간은 무엇보다도 먼저 인간 자신에 의지한다. 돈키호테와 햄릿은 르네상스의 지고한 이상들을 품고 있는 인물이다. 하지만 삶의 현실적 조건들로 인해 그들은 그러한 이상들을 실제 삶 속에서 펼칠 수 없다. 두 사람은 이례적으로 특출한 인물이지만 자신들을 둘러싼 객관적인 환경들을 극복할 수 없다. 이런 상황으로 인해 두 사람은 오해받고 비정상적인 인물로 낙인찍힌 매우 비극적인 영웅이 된다.

－ 83~84쪽

III
옮긴이의 말 두 비극적 영웅에 대한 소명과 변명

그런데 이 두 비극적 영웅이 이상을 대하는 자세는 전혀 다르다. 한쪽은 '이상을 꼼꼼히 따져보고 그 깊이를 재보는' 반면에 다른 한쪽은 '이상이 보여주는 환영을 의심하지 않는다.' 그리고 이러한 차이가 두 인물의 모든 사고와 행동을 지배한다. 햄릿에게서는 이상이 분석과 진단과 자기중심과 그에 따른 불신으로 나타나는 반면에 돈키호테에게서는 요지부동의 고목과도 같은 의지와 자기희생으로 나타나며 둘 다 그로 인해 고통받는다.

저자는 이 기본적인 차이를 바탕으로 두 인물의 다양한 측면, 가령 두 인물과 타인 혹은 군중 간의 관계, 여성에 대한 사랑 등을 비교한다. 햄릿은 자아에 대한 불신, '자기분석이라는 독약'으로 인해 궁정 대신이자 오필리아의 아버지인 폴로니우스를 경멸하며 또 오필리아에 대해서는 냉소와 과장으로 대한다. 반면에 돈키호테는 산초 판사의 헌신이나 주변 사람들의 비웃음과 냉대에 아랑곳하지 않고 자기 이상을 향해 거침없이 나아가는 인물이며 음탕하고 추잡한 농부의 딸 둘시네아를 이상의 화신으로 여기며 순결한 사랑을 한다.

나는 햄릿일까 돈키호테일까

외젠 들라크루아(Eugène F. V. Delacroix), 〈무덤가의 햄릿과 허레이쇼(Hamlet and Horatio in the Graveyard)〉, 1839

옮긴이의 말 두 비극적 영웅에 대한 소명과 변명

햄릿 같은 부류의 사람들은 아무것도 발견하지 못하고 아무
것도 창조하지 못하며, 자기 개성의 흔적들 말고는 아무런
자취도 남기지 않는다. 요컨대 지속적으로 영향력을 지니는
어떤 흔적도 남기지 않는다. 그들은 사랑하거나 믿지 않는
다.

— 54쪽

반면에,

돈키호테와 같은 유형의 인간들이 세상에서 사라진다면 우
리는 역사책을 덮어야 할 것이며 그때 우리에게는 더 이상
읽을 만한 가치가 있는 것들이 남아 있지 않을 것이다.

— 57쪽

  여기까지만 보면 이 책은 '돈키호테를 위한 변명'처럼 읽힌
다. 하지만 이는 그동안 돈키호테라는 인물에 덮여 있던 편견
의 더께가 아주 두꺼웠다는 인식이 반영된 결과일 뿐이다. 또
한 햄릿이란 인물이 워낙 불가해한 까닭에 오히려 많은 이의
비평의 대상이었던 반면에 돈키호테란 인물이 상징하는 바에

오노레 도미에(Honoré Daumier), 〈산맥 속의 산초 판사와 돈키호테(Don Quixote et Sancho Panza)〉, 1866~1868

대해서는 이론의 여지가 없다고 사람들이 오해한 까닭이다. 하지만 오해가 풀린다고 모든 게 해결되는 것은 아니다. 오히려 또 다른 오해를 낳을 수 있다. 두 유형의 인간 중 어느 한쪽은 인간 역사에 항상 부정적이고 다른 한쪽은 언제나 긍정적으로 작용할까? 이 책이 특별한 것은 바로 이 지점에 있다.

저자는 '햄릿을 위한 변명'의 공간을 마련한다. 아니 두 인물유형 모두 인간 역사 발전의 동력이라고 밝힌다. 사실상 저자

옮긴이의 말 두 비극적 영웅에 대한 소명과 변명

가 이 책을 쓴 동기도 여기에 있는 듯하다.

웃음을 불러일으키는 별난 선구자들이 없다면 진보는 생각
할 수도 없었을 것이며 그 경우 사색적인 햄릿들은 애당초
자신들이 철학적으로 논할 만한 것을 아무것도 갖지 못했을
것이다.

—73쪽

이를 저자는 "돈키호테들은 무언가를 창안하고 햄릿들은 그
창조된 것들을 활용한다"고도 하고 "부동(不動)과 운동, 퇴영
과 진보라는 이 두 힘은 세상 만물의 근본적인 지렛대"라고도
표현한다.

역사라는 큰 틀에서 볼 때 두 유형의 인간이 앞서거니 뒤서
거니 하며 역사의 수레바퀴를 끌어간다고 한다면 한 인간의
내면에도 이 두 유형의 인간이 동시에 존재한다. '현실 속에서
사람들이 순수한 희극이든 온전한 비극이든 그 어느 쪽을 만
나는 일은 극히 드문' 일이듯이 온전히 햄릿과 같은 인간도 완
벽히 돈키호테를 닮은 인간도 세상에는 존재하지 않는다. 그

말은 결국 누군가가 어느 인간 유형에 속하는지를 논하는 것은 의미 없는 일이라는 것이다. 인간 정신에 두 기본 방향이 있다는 사실을 유념하는 것 한 가지가 중요할 뿐이다.

끝으로 이 책을 기획하고 희귀한 자료들을 찾아 책 꼴을 이루게 해준 김대웅 선배님과 꼼꼼히 교정을 봐준 지연희 님에게 깊은 감사를 드린다.

임경민

주(註)

01 스페인의 하급 귀족. - 옮긴이

02 이 글은 이반 투르게네프가 1860년 1월 10일 페테르부르크에 있는 '궁핍한 작가·학자 구제협회'의 대중 낭송회에서 행한 강연 내용이다. - 영역자

03 《햄릿》의 초연은 전해지지 않고 있으며, 지금까지 내려온 희극은 초연이 열린 후 상당한 시간이 지난 뒤에 셰익스피어가 1604년에 다시 작업한 판본(Second Quarto; Q2 - 제2 4절판)이 텍스트인데, 어떤 판본은 1605년으로 되어 있다. First Quarto(Q1; 제1 4절판)는 1603년에 선보였다. 《돈키호테》 제1권 초판은 1605년에 발행되었다. - 옮긴이

04 탐보프주(州)의 귀족 가문 출신의 러시아 시인. 깊은 고뇌와 사색으로 일관된 그의 서정시는 나중에 점차 염세주의로 기울었지만, 거기에 깊은 사색과 섬세한 맛이 듬뿍 담겨 있어 푸시킨으로부터 높은 평가를 받았다. 대표작으로는 《환멸(Razuverenie)》(1821), 《괴테의 죽음에》(1832) 등이 있다. - 옮긴이

05 1572년 8월 24일 파리의 구교도가 신교도(위그노) 3,000여 명을 학살한 사건. 이 혼란 속에 부르봉 가문의 신교도인 앙리 드 나바르가 왕위에

올랐으나 평화를 확보하기 위하여 가톨릭으로 개종하였고, 그가 바로 앙리 4세이다. – 옮긴이

06 샤를 푸리에(Charles Fourier)는 생산을 합리화하고, 소비를 절약하는 전형적인 소생산자 사회를 실현하기 위해 이상 사회의 한 단위인 팔랑주(phalange, 일종의 협동조합) 건설을 제창했다. – 옮긴이

07 덴마크 왕국의 숙적인 노르웨이 왕국의 왕자로 '팔뚝이 강한'이라는 뜻을 지니고 있다. – 옮긴이

08 녹색 외투를 입은 기사라는 뜻. – 옮긴이

09 1Феоктистов (1929)

10 이 단편은 1849년 《동시대인(Современник)》이라는 잡지에 처음 단독으로 실렸다.

11 Лотман (1974)

12 Turgenëv (1985)

13 알렉산드르 2세에 의한 소위 '농노해방령'을 말한다. 1861년 2월 19일(신력 3월 3일) 황제의 서명을 받아 3월 5일 정식 공포했다. – 옮긴이

14 러시아어로 '12월'이라는 뜻의 데카브리스트 봉기는 전형적인 계몽주의적 하향식 혁명이었다. 나폴레옹이 러시아를 침략했다가 패주할 때 나폴레옹 군대를 추격해 파리까지 진격한 젊은 귀족들은 파리에서 프랑스 혁명으로 변화된 유럽을 보았다. 러시아가 나폴레옹과의 전쟁에서 승리를 거뒀지만, 농노제 같은 중세적인 조국의 현실에 분노를 느낀 이들은 니콜라이 1세 황제 대관식에 맞춰 1825년 12월 무장봉기를 했다. – 옮긴이

15 Левин (1987)

16 Белинский (1953, 254)

투르게네프가 고찰한 불멸의 두 사람

나는 햄릿일까 돈키호테일까

초판 1쇄 발행   2020년 3월 31일
개정판 1쇄 발행 2024년 10월 15일

지은이   이반 세르게예비치 투르게네프
옮긴이   임경민
펴낸이   신민식 신지원
펴낸곳   도서출판 지식여행

책임편집   김민아
디자인   미래출판기획

출판등록   제2010-000113호
주 소   서울시 마포구 토정로 222 한국출판콘텐츠센터 419호
전 화   02-333-1122
팩 스   02-332-4111
이메일   editor@jisikyh.com
제작   한국학술정보(주)

ISBN   978-89-6109-545-7 (03180)